Brigitte Lämmle · Gabriele Wünsch

Familienbande

Ein Bund fürs Leben

Wie man es schafft,
zusammen stark zu sein

Mosaik Verlag

Der Mosaik Verlag ist ein Unternehmen
der Verlagsgruppe Bertelsmann

Redaktion: Monika König
Einbandgestaltung: Martina Eisele
Satz: Filmsatz Schröter GmbH, München
Druck und Bindung: Ebner Ulm
ISBN 3-576-10479-8
Printed in Austria

Inhalt

Vorwort von Gabriele Wünsch

»Was machst du denn so, man hört und sieht gar nichts mehr von dir«, fragten schon mal Kollegen und Bekannte, wenn ich sie zufällig irgendwo traf. Ich pflegte dann zu seufzen und zu erklären, daß ich an einem Buch schreibe darüber, wie Familien funktionieren, und daß dieses Thema sehr vielschichtig ... »Familie? Ach, ist ja spannend«, kam dann oft ziemlich spontan die Reaktion. Gar nicht so selten, daß solche Begegnungen damit endeten, daß mir Menschen, die ich eigentlich nur flüchtig kannte, Geschichten von sich erzählten.

Alle möglichen Geschichten. Wie die von der Wut, die man hat auf den Vater seines Kindes, der wie man hört im Freundeskreis erzählt, wie gereift er sei durch seinen Sohn, was aber bisher weder zu der Reifestufe geführt hat, sich um das Kind zu kümmern, noch zu der, gelegentlich mal Unterhalt zu bezahlen. Oder die Geschichte von der Unruhe, die einen befällt, wenn man einen Tag lang mal nicht mit den Eltern telefoniert hat, wie man es sonst tut, seit man vor Jahren die Heimatstadt wegen des Berufes verlassen mußte. Oder die von der großen Verbitterung darüber, daß die Tochter einem gerade letzte Woche das Geschenk zu ihrem 25. Geburtstag zurückgeschickt und unter den Gruß »Alles Liebe, dein Vati« nur geschrieben hat »Laß mich in Ruhe«. Oder aber die vom halb gerührten, halb genervten Warten, wenn der Wecker zwei Uhr früh zeigt und das die Zeit ist, zu der der kleine Sohn gewöhnlich auftaucht, um zu Mama und Papa ins Bett zu kriechen ...

Jeder Mensch ist ein Familienmensch. Denn auch wenn er selbst keine eigene gegründet hat, kommt er doch aus einer Familie. Fast jeder Mensch hat das Bedürfnis, von seiner Familie zu erzählen; und es sind immer emotionale Geschichten, zärtliche, fröhliche, traurige, wütende, gelegentlich auch haßerfüllte Geschichten, die man da zu hören bekommt. Familienbande sind Bande fürs Leben, denn sie sind ein Teil unseres Lebens.

Was mir bei der Arbeit an diesem Buch mit jedem Kapitel klarer geworden ist: Wie groß der Einfluß der Bande unserer Kindheitsfamilie auf unser aktuelles Denken, Fühlen und Handeln ist. Und wieviel davon wir zwangsläufig mitnehmen in jede Beziehung, die wir eingehen – und damit auch in jeden gelungenen, wie in jeden gescheiterten Versuch, eine eigene Familie zu gründen.

Von solchen Verflechtungen handelt dieses Buch. Dem Leser wird es vermutlich ergehen wie mir: Die Sichtweise auf Partnerschaft und auf Familie, die mir Brigitte Lämmle in vielen langen Gesprächen vermittelt hat, ist zunächst mal ungewohnt. Ich bin mit jedem Versuch, sie neugierigen Fragern in zwei Sätzen zu erklären, gnadenlos gescheitert. Hinter dieser Sichtweise steckt als theoretische Grundlage der Gedankenansatz der sogenannten »Systemischen Therapie«; eine Therapierichtung, die heute von den meisten Paar- und Familientherapeuten und in vielen Beratungsstellen angewandt wird. Doch dieses Buch ist keine theoretische Abhandlung. Es ist ein Buch über Beziehungen. Über lebendige Beziehungen in einer Partnerschaft, über lebendige Beziehungen in der Familie – welche Form des Zusammenlebens diese Familie auch immer heute hat. Es ist ein Buch über die Schmerzen und Schwierigkeiten, die mit diesen Beziehungen mitunter verbunden sein können. Und es ist ein Buch darüber, wie der Stillstand, den Schmerzen und Schwierigkeiten bewirken, überwunden werden kann.

Eigentlich ist dieses Buch ein »Familien-Erlebnisbuch«. Für mich war die Reise durch das Gedankengebäude des »Familienhauses«, die wir im ersten Buchteil antreten, eine spannende Entdeckungstour. Mit jeder Zimmertür öffnet sich die Aussicht auf eine neue Facette des Netzwerkes, aus dem Familienbande geknüpft sind. Ein Netzwerk, in das ein feingesponnenes Gewebe aus Ängsten, Wut, Hoffnungen und Träumen eingearbeitet ist – worum es in Teil II dieses Buches geht. Ich hoffe, es ist uns gelungen, den Blick zu schärfen für die faszinierenden Muster, die das Gesamtnetzwerk einer Familie ausmachen.

Hamburg, im März 1995 *Gabriele Wünsch*

Vorwort von Brigitte Lämmle

Ich möchte am Anfang dieses Buches keine langen theoretischen Ausführungen machen. Ich würde viel lieber eine Liebeserklärung abgeben. Eine Liebeserklärung an die Familie. Eine Liebeserklärung an die ureigene Kraft, die Menschen im Zusammenleben miteinander entwickeln.

Als Paar- und Familientherapeutin arbeite ich seit vielen Jahren mit Klienten, die das Gefühl haben, mit ihrer Beziehung, ihrer Familie nicht mehr weiterzukönnen. Sie kommen, weil sie müde, traurig, verzweifelt sind. Weil sie oft jahrelang versucht haben, etwas zu ändern, und sich nun nur noch quälen mit Überlegungen wie »Wer ist bloß schuld daran, daß … unsere Partnerschaft nur noch eine Aneinanderreihung von gegenseitigen Verletzungen ist; das Kind in der Schule so total versagt; ich es niemals schaffe, nach zwei Jahren Beziehung nicht vor einem Trümmerhaufen zu stehen.«

Familientherapie gibt keine Kochrezepte nach dem Motto: Wenn in Ihrer Beziehung Fall A eintritt, dann tun Sie erstens b), und zweitens c). In der Familientherapie geht es darum, Menschen zu helfen, ihr eigenes, funkelnd kreatives, kraftvolles Potential an Lösungsmöglichkeiten wiederzufinden. Und damit die verschütteten Selbstheilungskräfte zu reaktivieren. Dieses Potential ist in jeder Beziehung, in jeder Familie vorhanden. Es wird nicht wahrgenommen, weil der ängstlich gebannte Blick auf ein Problem, die Suche nach der Schuld, die Versuche, etwas an dem Problem zu ändern, der noch ängstlichere Blick, weil das Problem wieder auftaucht, erneute Suche nach der Schuld, noch verzweifeltere Versuche, etwas zu ändern, immer nur im Kreis führen. Und das in immer engeren Spiralen.

Für das, was wir in der Therapie machen, möchte ich ein Bild benutzen. Beziehungs- und Familienalltag ist wie eine Großstadt im ununterbrochenen Feierabendstreß. Man hetzt, man strampelt sich ab, man wird angerempelt und drängelt selbst, man muß dieses noch erledigen und jenes noch arrangieren, die Luft ist schlecht, die Leute unfreundlich, die Kinder quengeln, keiner lächelt. Je länger man diesem Streß ausgesetzt ist, desto angespannter sind die Nerven, desto weniger kann man verkraften, desto mehr verzweifelt man an sich und an der ganzen Situation.

Und dann steht man plötzlich vor einer Tür, die man vorher nie bemerkt hat. Man geht hindurch und entdeckt dahinter einen wunderschönen Rosengarten. Es ist still, es ist friedlich, die Sonne scheint. Man atmet tief durch, läßt sich auf einer Bank nieder. Und plötzlich sieht alles gar nicht mehr so trostlos aus. Die Rosen duften. Ihre Farben leuchten. In diesem Garten spürt man wieder etwas davon, daß Leben auch leicht und schön sein kann. Und mit diesem Gefühl kann man wieder rausgehen und im Alltag weitermachen. Nur erlebt man diesen Alltag jetzt gelassener und sagt vielleicht zu den Kindern: Kann mir mal einer erzählen, warum wir uns hier wie blöd abhetzen? Wir gehen jetzt erstmal ein Eis essen ...

Jeder von uns ist in seinem eigenen Lebensumfeld betriebsblind. Man steckt mit allen Gefühlen, mit allem Engagement in seinem System drin. Und wenn man feststeckt, dann erscheint die ganze Situation manchmal verzweifelt, aussichtslos, ja, schicksalhaft verworren. Wo es im System hakt, erkennt man erst mit ein paar Schritten Abstand. Was wir in der Familientherapie machen ist, mit den Klienten zusammen nach ihrem ganz privaten »Rosengarten« zu suchen, und den Alltag ihres Zusammenlebens von dort mit einem anderen, entspannteren, erweiterten Blickwinkel zu betrachten. Ein Blickwinkel, der wegbringt von der Fixierung auf das Problem und der Suche nach Schuldigen. Ein Blickwinkel, der die Grundmuster deutlich macht, die dazu geführt haben, daß man an dieser Stelle nicht weiterkommt. Ich wünsche mir, daß dieses Buch dazu anregt, sich selbst, seine Beziehung und seine Familie mit dem Abstand dieses erweiterten Blickwinkels anzuschauen. Und ich wünsche uns allen, daß wir unseren Rosengarten finden.

Die Zeit, in der wir leben, ist für Familien sehr schwierig geworden. Frauen haben sich verändert, Männer haben sich verändert; die traditionelle Rollenverteilung »Er geht raus und verdient das Geld, sie kümmert sich um Haushalt und Kinder« ist kein Anker mehr, an dem man die Grundlagen des Zusammenlebens festmachen kann. Ich möchte fast sagen, wir alle treiben im Moment, was Beziehungen angeht, in einem Meer von Irritation und Unsicherheit. In dieser Umbruchsituation liegt eine Riesenchance fürs Zusammenleben. Denn zum ersten Mal ist es möglich, sich zu einer »Familienbande« zusammenzutun, die sich nicht am einschnürenden Korsett von Rollenkonventionen und traditionellen Erwartungshaltungen orientiert. Zum ersten Mal hat eine ganze Elterngeneration die Chance, ihren Kindern vorzuleben, wie man als freier, erwachsener Mensch Veantwortung übernimmt. Für sein eigenes Leben. Und für die Beziehung zu den Menschen, mit denen man zusammen ist.

Doch man muß auch sagen, daß in der wachsenden Unsicherheit und Irritation nicht nur eine Chance zur Veränderung festgefrorener Schablonen des Zusammenlebens liegt, sondern gleichzeitig ein größeres Risiko als früher, ins Straucheln zu kommen und zu scheitern. Wenn die Eltern in ihrer Beziehung ins Trudeln geraten, dann rutscht das ganze Familiengefüge in eine Schieflage; und das baden zuerst die Kinder aus. Was darum von Familientherapeuten heute mehr noch als früher gefordert wird, ist so etwas wie ein Anlehnungsmodell: So könnte es funktionieren, ein Zusammenleben, das für alle gedeihlich ist. Es wäre schön, wenn wir mit diesem Buch ein paar Anhaltspunkte dazu beisteuern könnten.

München, im März 1995 *Brigitte Lämmle*

Und noch eine kurze Vorbemerkung ...

Wir werden in diesem Buch immer wieder »Familienszenen« schildern. Darin begegnen uns Menschen, die mit dem Zusammenleben auf die eine oder andere Weise so ihre Probleme haben. Jede dieser Szenen beruht auf einer authentischen Grundsituation, die von authentischen Menschen erlebt wurde. Doch haben wir sie jeweils so verändert, daß keine Zuordnung zu real existierenden Paaren und/oder real existierenden Familien möglich ist.

Darum am Anfang dieses Buches der Hinweis, der im Kino immer erst ganz zum Schluß kommt: Sollte eine der Geschichten Ähnlichkeit mit echten Personen oder echten Ereignissen haben, wäre das reiner Zufall und nicht von uns beabsichtigt. Sollte allerdings der ein oder andere Leser darin immer wieder auch ein Stück von sich selbst, seiner Beziehung, seiner Familie erkennen, ist das kein Zufall, sondern nur normal. Es ging uns nicht darum, klinische Fallbeispiele zu schildern; wir reden in diesem Buch nicht von »kranken« Familien, die völlig hilflos sind. Es ist der Alltag, der ganz normale Beziehungs- und Familienalltag, in dem jeder von uns in Situationen geraten kann, für die es keine Lösung zu geben scheint. Die Geschichten in diesem Buch schildern genau diesen Alltag.

Teil I

MODELL FAMILIENHAUS

oder
Welche Bausteine braucht man,
um miteinander
glücklich zu werden?

Was ist das eigentlich, Familienglück? Wir alle haben Bilder davon im Kopf. Der chaotische Start in die Ferien, der Wagen ist vollgepackt, Mutter, Vater, Kinder sind schon drin, der Hund springt noch schnell rein – alle lächeln, und los geht's. Der leise Blick ins Kinderschlafzimmer, Mutters und Vaters Augen von Tränen der Rührung fast blind, weil die beiden kleinen Racker den spät von irgendeinem gesellschaftlichen Ereignis heimkehrenden Eltern als Überraschung einen Kuchen gebacken haben. Das kurze, in wunderbare Erinnerungen versunkene Zögern, mit dem der von wer weiß wo hergetrampte Sohn das Haus seiner grauhaarigen Eltern betrachtet, bevor er den Rucksack abnimmt und klingelt ...

Natürlich, das sind Werbebilder. Zusammengelogen also, unrealistisch, das glaubt doch sowieso keiner. Oder? Ob es um ein Auto, um Margarine oder um Kaffee geht – nirgendwo wird der Mythos der glücklichen Familie so geschickt auseinandergenommen und in Einzelteilen verwertet wie in der PR-Branche. Kein Zufall, sicher: Es wird mit Emotionen gearbeitet, und was rührt uns schon mehr an als Gefühle von »Nach Hause kommen«, »Zusammengehören«, »in allem Chaos doch aufgehoben sein«?

In den Werbebildern und in unseren Köpfen ist Familienglück groß, magisch, wunderbar – und ein Glück eben. Es trifft einen, oder es trifft einen nicht. Gehört man zu denen, die es offensichtlich nicht getroffen hat, sitzt man da mit einem ganz unguten Gefühl. Man hat eben nicht die Kinder, die für einen Kuchen backen. Man hatte nicht die Eltern, die man mit diesen warmen Erinnerungen besuchen würde, und man hat nicht nur kein geräumiges Auto, sondern überhaupt nicht soviel Haushaltsgeld übrig, um davon auch noch mit der Familie in Urlaub fahren zu können – geschweige denn, auch nur ansatzweise an ein Haus, in dem alle leben können, zu denken.

Das Haus, um das es hier geht, ist ein fiktives Haus. Es hat viele Zimmer und mehrere Stockwerke. Wir werden eine Führung durch dieses Haus machen, um zu zeigen, daß jedes Zimmer, jedes Stockwerk einen der Grundbausteine symbolisiert, die zum »gedeihlichen« Zusammenleben in einer Familie beitragen. Gedeihlich ist, zugegeben, ein etwas altmodisches Wort. Doch es trifft das, was man Familienglück nennt, ausgesprochen gut. So zusammenleben, daß sich alle wohlfühlen dabei, hat nichts mit dem richtigen Auto oder dem richtigen Kaffee, auch nichts mit Wundern oder glücklichen Zufällen zu tun. Familienleben ist ein Prozeß, der langsam wächst, der sich entwickelt, der Dünger braucht, um starke Triebe zu entwickeln. In jedem Zimmer unseres fiktiven »Familienhauses« findet man etwas von diesem Dünger.

Das Haus ist, mit anderen Worten, ein Modell. Auf der einen Seite ist es eine Utopie für das Zusammenleben in einer Zeit, in der die alte Rollenverteilung zwischen den Geschlechtern nicht mehr gilt, in der »Familie« nicht automatisch mehr heißt »Vater-Mutter-Kind«, in der die äußeren Bedingungen schlecht sind. Auf der anderen Seite beschreibt es, Zimmer für Zimmer und Stockwerk für Stockwerk, die Schwierigkeiten und Hindernisse, mit denen sich jeder, der von Geborgenheit in Partnerschaft und Familie träumt, auseinandersetzen muß.

Dachgeschoß links und rechts: Ein eigenes Zimmer für Sie und für Ihn

Ein Raum, um wichtige Erinnerungen aufzubewahren und ungestört Träume zu spinnen. Ein Raum, um für sich Freunde einzuladen und um in Ruhe zu arbeiten. Ein Raum, in dem man Kraft tanken kann, wenn rundum Chaos herrscht, in dem man sich im größten Wirrwarr geschützt fühlt. Kurz: ein Raum, in dem man bei sich selbst zu Hause ist, nicht Partnerin oder Partner, nicht Mutter oder Vater. Ausgerechnet mit diesem Einzelzimmer beginnt der Rundgang durch ein Familienhaus? Ja! Denn in diesem Zimmer fängt die Geschichte jeder Beziehung an, und damit die Geschichte jeder Familie. Wie es ausgestattet ist, wie gemütlich es ist, wie selbstverständlich es von seinem Besitzer benutzt wird, beeinflußt das gemeinsame Leben jeden Tag aufs Neue.

Es ist einer der großen Mythen über Familien, daß mit dem Moment, in dem man den zukünftigen Partner trifft, etwas ins Leben tritt, was alles verändert. Dieses etwas heißt Wir. Es löscht aus, was vorher vielleicht traurig, vielleicht beängstigend, vielleicht auch leer war; es stellt die Zeiger auf Null, und man beginnt eine neue Geschichte. Wir ist eine große Hoffnung – auch und immer noch im Zeitalter der Selbstverwirklichung.

Der Dachgeschoßausbau ist eine neumodische Erweiterung des Familienhauses. Es galt durchaus nicht immer als akzeptabel und schon gar nicht als förderlich für das Familienleben, wenn eine Ehefrau und Mutter, wenn ein treusorgender Gatte und Vater einen Freiraum für sich selbst behalten wollte. Das traditionelle Familienbild war eine klassische Symbiose. Er mußte nie lernen, wie man kocht, oder eine Zu-Hause-Atmosphäre um sich schafft, oder wie man tröstet. Sie mußte nie lernen, wie man Nägel einschlägt, wie man seinen Lebensunterhalt bestreitet, wie man sich gegen Angreifer verteidigt. Die Kinder wuchsen mit eisenharten Lebensvorbildern auf, hatten den Mund zu halten, wurden gekleidet, erzogen, durchgefüttert – und mußten dafür Mutter und Vater lieben, ehren und versorgen bis zu deren Ableben. Folge dieser Aufteilung: Allein für sich war niemand in dieser Familie so richtig überlebensfähig – und wurde es nie. Die Frage, was man selbst als Mensch und Einzelwesen, als Frau oder Mann war, was man wünschte und wollte, stellte sich nicht – weil kaum jemand sie zu stellen wagte. Heute sehen wir den Idealfall des Zusammenlebens schon ein wenig anders. Wir träumen von zwei selbständigen Menschen, die es »nur aus Liebe« miteinander aushalten, von Kindern, die frech sind und neugierig und selbstbewußt – und sind doch meist von diesem Idealfall relativ weit entfernt.

Wir schwanken statt dessen zwischen zwei Polen. Der eine: Ausbau des eigenen Zimmers zum Single-Traumloft mit unüberwindbarer Einbruchsicherung – feste Partnerschaft oder gar Familiengründung spielt in der Lebensplanung keinerlei Rolle. Der andere: vorübergehende Ausstattung des eigenen Zimmers mit Schlafcouch, Kochplatte, improvisiertem Schreibtisch, weil das Ganze sowieso wieder gekündigt wird, wenn der Traumpartner, die Traumpartnerin auftaucht – man setzt seine ganze Hoffnung und jede Lebensperspektive auf die Gemeinschafts-Karte.

Kein Mensch kann unabhängig von anderen existieren. Auch wenn es manchmal ein langer und schmerzlicher Weg ist bis zu dieser Erkenntnis. Und doch: Jeder Mensch braucht eine Basis, auf der er sich selbst versorgen kann, auf der er sich sicher und geschützt fühlt. Nichts weiter als eine solche Basis ist das »eigene Zimmer« im Familienhaus.

Man beginnt in der Kindheit, sich eine Grundausstattung dafür zusammenzusuchen. Die ersten Erfahrungen mit Eltern, mit Geschwistern werden hier abgelegt. Die neuen Eindrücke, die man durch die Schule, durch die ersten Freundschaften bekommt. Der Gefühlsaufruhr der ersten Liebe, die Veränderungen durch die ersten Enttäuschungen, die ersten sexuellen Erlebnisse, der langsame Abschied vom Kind-Sein – wichtige Sammelstücke fürs eigene Zimmer. Wenn man all das zusammengetragen hat, heißt das aber noch lange nicht, daß man schon perfekt eingerichtet ist, daß man fertig ist mit dem Aufbau seines inneren »Zuhauses«. Sich richtig darin einzurichten heißt, Lebenserfahrung zu sammeln. Hoffnungen und Enttäuschungen, Siege und Niederlagen, sich in immer neuen, auch schwierigen Situationen kennenlernen – um irgendwann mal sagen zu können: Das will ich, das will ich nicht, das bin ich, das bin ich nicht …

Mit anderen Worten – die Ausstattung des eigenen Zimmers ist so etwas wie eine Lebensaufgabe. Wie wichtig dieser Raum für jeden von uns ist, wird uns allerdings oft nur unfreiwillig klar – und manchmal unter schmerzhaften Umständen. Typische Situationen: Wenn man nach einer Trennung vom Partner, von der Partnerin nur noch Leere spürt. Wenn nach dem Auszug der Kinder alles sinnlos zu werden scheint. An solchen Nullpunkten des Lebens wird man geradezu gezwungen, sich dem eigenen Zimmer wieder zuzuwenden. Es ist immer ein neuer Anfang, wenn man sich plötzlich, vielleicht tatsächlich zum ersten Mal im Leben, mit Dingen auseinandersetzt, die über das Umfeld von Partnerschaft und Familie hinaus etwas für einen bedeuten, die wichtig sind, die einen ganz persönlichen Wert haben.

Solange man in einer Beziehung glücklich ist, solange die Familie so zu sein scheint, wie man sie sich vorgestellt hatte, erscheint einem der Gedanke daran, etwas nur für sich zu tun, oft geradezu absurd. »Was soll ich mit einem eigenen Zimmer, wenn hier mein Partner, meine Partnerin, mein Kind ist, die mich so unendlich glücklich machen?« Doch aus diesem Zimmer zieht man ja nicht nur für sich selbst etwas. Man kann daraus auch etwas weitergeben: Lachen, Ideen, Stärke, Erkenntnisse, Hoffnung, Ruhe und Ausgeglichenheit.

Für Paartherapeuten ist es eine häufig gemachte Erfahrung, daß die Wurzeln von Problemen in Partnerschaften, und auch die Wurzeln von Problemen in Familien, in eben diesem Einzelzimmer zu suchen sind. Genauer gesagt: darin, daß jemand dieses Zimmer gar nicht erst für sich ausgebaut, oder eben ganz schnell aufgegeben hat. Nicht aus Unwissenheit, Schwäche, Hilflosigkeit – sondern aus Liebe.

Oft sind es ja auch gar keine dramatischen Schicksalsentscheidungen, wenn man der Partnerschaft wegen auf etwas verzichtet. Man merkt überhaupt nicht, daß man Schritt für Schritt immer weitere Lebenswinkel aufgibt, die nur einem selbst gehören. Sich weiter mit eigenen Freunden treffen? »Na ja, er/sie mag die nicht so besonders, und er/sie guckt nicht gerade begeistert, wenn ich ohne ihn/sie gehe. Also bleibe ich hier, oder wir machen etwas zu zweit ...« Stundenlang in der Dunkelkammer stehen und Fotos vergrößern, oder als Linksaußen auf dem Fußballplatz rumtoben? »Ach, er/sie findet das ziemlich langweilig, und es kostet mich soviel Zeit, es war ja auch nicht so wichtig, oder?« »Mir abends noch Unterlagen vom Job mit nach Hause nehmen und die halbe Nacht rumtüfteln, wie ich den Auftrag für die Firma kriege? Für mich kein Streß, das macht mir einfach tierischen Spaß. Aber – ich habe ein schlechtes Gewissen. Er/sie ist wahrscheinlich genervt. Ich bin da, und doch nicht da. Und wenn ich befördert werde, muß ich in eine andere Stadt. Wo wir gerade zusammen so glücklich sind ...«

Es ist, ganz klar, ein Hochseilakt, einen Kompromiß zwischen dem Festhalten an eigenen Interessen und dem Zusammenleben mit Partner und Familie zu finden. Man muß kämpfen mit Schuldgefühlen und mehr oder weniger offenen Vorwürfen der Umgebung; da ist die Verantwortung, die man hat, und nicht zuletzt das Glück, das man beim Zusammensein empfindet. Doch über eines muß man sich im Klaren sein: Irgendwie versucht man im Leben immer, seine innere Gefühlsbilanz im Gleichgewicht zu halten. Für den Teil, den man aufgegeben hat, für die eigenen Interessen, die eigenen Bereiche, die auf der Strecke geblieben sind, sucht man sich einen Ersatz. Der Spaß, den das Hobby gebracht hat, die Sicherheit, die man durch die Auseinandersetzung in der Freundesclique hatte, die Befriedigung und Bestätigung, die man aus dem Job gezogen hat – all das braucht man ja nach wie vor. Nur muß man es jetzt aus einer anderen Quelle ziehen. Man beginnt, enorme Erwartungen, Hoffnungen, Forderungen an die Partnerschaft zu richten. Intensiver noch und umfassender schließen diese Erwartungen auch das Kind mit ein, das in eine solche Situation hineingeboren wird.

Natürlich macht man seine Rechnung mit dem Schicksal nicht bewußt auf. Denn wenn man das täte, würde klar, daß man von der Familie etwas erwartet, was man in sich selbst nicht mehr finden kann. Und mit dieser Erkenntnis wäre man schon dabei, etwas zu verändern, hätte man die Tür zum eigenen Zimmer schon wieder einen Spaltbreit aufgeschoben. Doch sie fällt unglaublich schwer. Um so mehr, da ein Mensch, dem sein eigenes Zimmer abhanden gekommen ist, gar nicht an sich selbst denkt – sondern mit allen Kräften dafür sorgen will, daß alle um ihn herum glücklich sind.

Natürlich versetzt uns die Tatsache, jemanden zu lieben, in einen wahnsinnigen Gefühlsrausch. Natürlich löst die Geburt eines Kindes, unseres Kindes, Empfindungen aus, deren Intensität und Größe mit Worten nicht zu beschreiben sind. Mit großer Wahrscheinlichkeit sind das Gefühle, die man nicht erlebt, wenn man allein lebt, niemals jemanden bis zum Verrücktwerden geliebt hat. Es geht uns hier nicht darum, das Glück, das man aus solchen Gefühlen erhält, klein oder unwichtig zu machen. Im Gegenteil. Was uns aber wichtig ist: Klarzumachen, daß es unterschiedliche Wege gibt, mit diesen Gefühlen umzugehen. Man kann sie genießen, sich darüber freuen, sie als einmaligen Schatz für sich im eigenen Zimmer unterbringen – um sich mit diesem Schatz im Hintergrund den Schwierigkeiten und Problemen zuzuwenden, die Partnerschaft und Familie unumgänglich mit sich bringen. Auf diesem Weg gewinnt man selbst an Stärke. Die man nicht nur für sich nutzt, sondern natürlich auch wieder weitergibt.

Was aber, wenn man kein Zimmer hat, in dem man seine Erfahrungen aufbewahren kann? Um die Geborgenheit, die Freude, die Wärme wieder zu spüren, muß man sich dieser Gefühle immer wieder versichern – indem man versucht, sie zu wiederholen. Womit dem gerade ganz nah vorhandenen Gegenüber die Aufgabe zufällt, die positiven Gefühle ständig zu nähren. Sei da für mich! Sei stark für mich! Sei gesund! Sei fröhlich! Sei das Licht meines Lebens! Nicht, daß man solche Forderungen ganz direkt aussprechen würde. Sie werden zur unterschwelligen Botschaft des täglichen Lebens in der Partnerschaft – und des täglichen Lebens eines Kindes.

Das ist sehr, sehr anstrengend für alle Beteiligten. Man muß gar keine Beziehung, keine Kinder haben, um diese Anstrengung zu kennen. Ein Mensch, der seine gesamte Bestätigung aus der Arbeit bezieht, erlebt jedes noch so harmlose Ereignis im Büro als Staatsaffäre. Ein nebenbei geäußertes Wort der Kritik wird zum Giftpfeil, der Tage im Körper schmerzt. Allein der Gedanke an einen Fehler löst Panik aus. Ein fehlgeschlagenes Projekt wird als tiefe, schmachvolle Niederlage empfunden, die die Persönlichkeit auslöscht.

Wenn Partnerschaft und Familie zur einzigen Lichtquelle im Leben werden, sind die Verwicklungen noch viel intensiver, das Auf und Ab der Gefühle undurchschaubar. Sehnsucht – danach, glücklich gemacht zu werden, beschützt zu werden, geliebt zu werden. Angst – vor Enttäuschung, davor, jemanden zu verlieren oder jemanden nicht genug zu lieben; Angst auch davor, schuldig zu sein an Tränen, Zoff, Traurigkeit. Wut und Enttäuschung – darüber, zurückgewiesen zu werden; immerzu zu geben und zu wenig zurückzubekommen dafür.

Man steht ständig unter einem sehr starken Druck. Jeder schiefe Blick des Partners/der Partnerin, jedes Husten des Kindes wird zu einer Angelegenheit, die die tiefsten Schichten der eigenen Persönlichkeit erschüttern kann. Eine Anspannung, die sich auswirkt darauf, wie man sich verhält, wie man reagiert.

Statt erst mal durchzuatmen und die Sachlage entspannt zu betrachten

* lebt man eigentlich schon ständig in der Erwartung, daß irgend etwas passiert, macht sich pausenlos Sorgen. Darum, daß der Partner, die Partnerin vielleicht fremdgeht. Darum, daß das Kind etwas haben könnte, daß es hinfallen könnte, krank werden könnte. Folge: Man ist immer auf der Hut, paßt auf, kontrolliert.
* versucht man mit aller Kraft, dazu beizutragen, daß sich die unendlich großen Hoffnungen, die man hat, erfüllen. Der Partner soll einen ewig lieben; er soll stark sein und zärtlich, ein-

fühlsam und einfach immer da, wenn man ihn braucht. Das Kind soll etwas ganz Besonderes sein, ein Superkind, das niemals schreit, ganz früh sprechen und laufen lernt, perfekt ist, bei allen beliebt. Folge: Man strengt sich übermenschlich an bei dem Versuch, die anderen so zu beeinflussen, daß man nicht enttäuscht wird.

Man will dabei niemals etwas Böses, man will nur, daß alle es gut haben. Das muß so sein, damit es einem selbst gut geht. Solche Spiele entwickeln sich über Jahre. Und sie beginnen fast immer mit Zügen, die so winzig sind, daß sie gar nicht auffallen. Züge, die nicht bedrängend sind oder einengend, sondern liebevoll, besorgt, ganz sanft.

Das erste Zeugnis

»Sebastian bewältigt den Lesestoff mühelos. Er entwickelt große Phantasie beim Erfinden von eigenen Geschichten.« Sebastians Mutter schwankte zwischen Stolz und Rührung. Der Junge war so aufgeregt vor dem großen Tag, an dem es in der ersten Klasse Zeugnisse gab. Jetzt stand er neben ihr und beobachtete sie mit großen Augen. Sebastians Mutter wandte sich wieder der Zeugnislektüre zu. Sie zuckte zusammen. »Es wäre schön, wenn Sebastian sich noch mehr an den Spielen der anderen Kinder beteiligen würde«, las sie da.

Sich noch mehr beteiligen ... Was sollte das heißen? Spielte Sebastian denn immer allein? Hatte er keinen Kontakt zu den anderen? Am gleichen Nachmittag noch rief sie seine Lehrerin an. Aber nein, beruhigte die die besorgte Mutter. Mit Sebastian sei schon alles in Ordnung, er habe Freunde, sei beliebt. Sie meinte halt nur, daß es vielleicht schöner für ihn wäre, wenn er nicht so oft alleine Bilder malte ...

»Er sitzt allein und malt«, berichtete Sebastians Mutter ihrem Mann am Abend höchst alarmiert. »Zu Hause sitzt er doch nie allein in seinem Zimmer, da ist er doch immer ganz fröhlich ...« Ihr Mann las das Zeugnis und grinste. Die Lehrerin sollte sich doch mal bei ihm in der Personalabteilung bewerben, meinte er nur. Mit der Formulierungsgabe könne sie jedes Arbeitszeugnis enorm bereichern ... »Du nimmst das nicht ernst genug«, sagte seine Frau.

"Was spielen denn die anderen so in der Pause?« fragte sie ihren Sohn am nächsten Morgen beim Frühstück. Der knabberte an seinem Brot und ließ seine Flugzeugflotte starten. »Och«, meinte er endlich, »doofes Zeug ...« Sebastians Mutter war jetzt wirklich betroffen. Warum wich er ihr aus? Was hatte er nur? Sie griff zum Telefon und rief eine Freundin an. »Du bist doch Psychologin. Ich weiß gar nicht, was mit Sebastian los ist ...« Die Freundin willigte schließlich ein, daß die beiden bei ihr zum Kuchenessen vorbeikommen.

Sebastians Mutter bewunderte, mit wieviel Geschicklichkeit ihre Freundin das Gespräch auf das Thema Bildermalen brachte. »Du malst in der Schule auch gern?« fragte sie Sebastian. Der nickte eifrig. »Was malst du denn so?« Sebastian erzählte jetzt begeistert. »Am liebsten Flugzeuge.« »Warum malst du denn zu Hause nicht, wär' doch toll ...« Sebastian sah zu seiner Mutter hin, und meinte vorsichtig: »Na ja, schon, aber ...« Aber was? »Mama läßt mich ja nie alleine in meinem Zimmer sitzen. Die kommt dann immer gleich und fragt, ob ich traurig bin. Oder ob was in der Schule war. Und dann mag ich nicht mehr malen ...«

Jede Mutter wünscht sich, daß ihr Kind gesund und fröhlich ist. Das ist nur normal. Genauso wie der Wunsch, soviel wie möglich dazu beizutragen. Für Sebastians Mutter ist klar: Mit einem kleinen Jungen, der alleine im Zimmer sitzt, während andere herumtoben, stimmt irgend etwas nicht. Ihre Reaktion folgt fast automatisch – sie unternimmt etwas gegen diesen Zustand. Was sie dabei überhaupt nicht merkt: Eigentlich hat das Ganze nichts mit Sebastian zu tun und damit, wie er sich fühlt, wenn er alleine sitzt und malt – denn er fühlt sich ja wohl dabei. Was sie zum Handeln veranlaßt, ist ihr eigenes ungutes Gefühl, wenn sie meint, er sei traurig. Ein Gefühl, das sie nicht aushalten kann, denn es löst eine ganze Palette von Ängsten aus. Sebastian ist jetzt sieben, also spielen die beiden nach diesem Strickmuster schon ein paar Jahre. Das Kind spürt hinter der Frage der Mutter, ob irgendwas in der Schule war, die unausgesprochene Panik: »Es darf nichts gewesen sein ...« – und verhält sich entsprechend.

Eine ganz alltägliche Situation, die sich in unterschiedlichen Ausprägungen in Tausenden von Familien wiederholt – und ein ganz alltägliches Beispiel dafür, was passiert, wenn eine Mutter in ihrem »eigenen Zimmer« keine sichere Basis findet, auf der sie ihr Kind auch mal nicht fröhlich sein lassen könnte. Nach außen hin passiert gar nicht viel und nichts Dramatisches. Doch unter der Oberfläche werden Weichen gestellt für eine Entwicklung, die beiden später noch zu schaffen machen wird. Das Kind macht die Erfahrung, daß man bestimmte Gefühle nicht haben darf, weil sie die Mama in Panik versetzen – und lernt, diese Gefühle zu verstecken. Die Mutter nimmt dem Jungen damit ein Stück Selbständigkeit weg, einen Freiraum, in dem er etwas Eigenes haben kann – und bringt sich in eine Position, in der sie allein verantwortlich dafür ist, wie es ihrem Sohn geht.

Übung 1

Am Ende jedes Kapitels werden Sie von jetzt an immer eine Übung finden. Fragen, über die sich nachzudenken lohnt. Manchmal auch eine konkrete Aufgabe, die es zu erledigen gilt. Worum es dabei geht: Das, was wir hier anzureißen versucht haben, noch einmal für sich selbst zu erfassen. Die meisten Schwierigkeiten in Beziehungen und die meisten Schwierigkeiten in Familien zeigen sich zunächst in ganz simplen, scheinbar selbstverständlichen Verhaltensweisen. Diese Übungen sollen helfen, das Selbstverständliche mal aus einem etwas veränderten Blickwinkel zu betrachten.

* Gibt es irgend etwas, das Sie zur Zeit in Ihrer Beziehung, in Ihrer Familie nervt?
* Wieviel Zeit nimmt die Beschäftigung mit diesem »Nervkram« täglich ein? Sei es, weil Sie darüber nachgrübeln. Sei es, weil Sie ganz konkret etwas tun müssen, wie das Kind beruhigen etc.
* Mal angenommen, das Problem wäre nicht mehr da – was würden Sie in der Zeit, die es in Anspruch nimmt, statt dessen machen?
* Was müßte geschehen, damit Sie wenigstens etwas davon trotzdem machen könnten?
* Können Sie das nicht einfach geschehen lassen?

Obergeschoß Paarzimmer: Ein Raum für die Liebe

Ein Gefühl wie Schmetterlinge im Bauch. Ein Ziehen wie Sehnsucht in der Brust. Der Mond hängt roter und runder und geheimnisvoller über der Stadt als jemals zuvor. »Verliebtheit passiert in Sekunden. Der Rausch kann Tage, Wochen, manchmal Monate anhalten. Den ganzen Rest des Lebens geht es darum, die Ernüchterung aufzuarbeiten.« Der Satz stammt von Virginia Satir, der großen Pionierin der Paar- und Familientherapie. Er ist überhaupt nicht so pessimistisch, wie er beim ersten Lesen klingt, sondern eine sehr treffende Beschreibung dessen, was in der Geschichte jedes Paares passiert: Irgendwann erwacht man aus den Kinderträumen und kriegt die Chance, gemeinsam erwachsen zu werden.

Wir alle laufen mit einem Bild vom Märchenprinzen, von der Märchenprinzessin herum. Es ist ein großes, überwältigendes Gefühl, wenn er oder sie dann plötzlich leibhaftig vor einem zu stehen scheint. Was man in diesem Moment, verständlicherweise, nicht wahrnimmt: Es ist tatsächlich nur ein Bild, eine Vorstellung davon, wie jemand sein könnte, wie er sich verhalten sollte, wie er fühlen, sprechen, lächeln sollte. Was den Knall der Verliebtheit auslöst, sind genau die Züge an einem Menschen, die zu diesem Bild passen. Wie seine Augen lächeln. Der warme Klang ihrer Stimme. Den Rest der Person fügt jeder nach seiner eigenen Vorstellung dazu. Realistisch gesehen liegt die Chance, daß dieses Bild noch in weiteren Punkten mit dem tatsächlichen Gegenüber identisch ist, so etwa bei eins zu einer Milliarde. Also muß auch bei der allergrößten Liebe einmal der Punkt kommen, an dem man die Abweichung einfach wahrnehmen muß.

Der kommt auch. Aber dann passiert folgendes: statt zu registrieren, daß es nun mal nicht sehr wahrscheinlich war, alle

Träume in dieser Person erfüllt zu bekommen und sich daran zu machen, die anderen Facetten kennenzulernen, nimmt man jetzt nur noch überlebensgroß wahr, was man nicht mag. Wie schmal und hart sein Mund wird, wenn ihm etwas nicht paßt. Wie schrill sie lacht, wenn sie ihn mal wieder mit irgend etwas aufzieht. Hinter jeder dieser Wahrnehmungen liegt ein ganzer Sumpf von tiefsten Gefühlen – in dem eine Liebe ohne weiteres versinken kann.

Alpenglühen

Sie hatten sich auf einer Party bei ihrer besten Freundin kennengelernt. Fred fiel Marianne sofort auf. Er fiel jedem sofort auf. Er war einfach ein Typ mit einer Ausstrahlung, die den Raum füllt. Eigentlich mochte Marianne solche Typen nicht so besonders. Doch dann stand sie plötzlich mit ihm auf dem Balkon, und sie redeten und redeten und redeten. Marianne dachte noch lange an diesen Abend. Wie Fred von Amerika erzählte und der Weite der Landschaft, die ihn erschüttert hatte. Wie sehr er sich nach dieser Großartigkeit sehnte. Marianne hörte zu und war berührt. Soviel Tiefe hätte sie diesem Selbstdarsteller gar nicht zugetraut … »Bist du schon mal im Dunkeln in die Berge rausgefahren und hast zugeschaut, wie die Sonne aufgeht?« Sie schüttelte den Kopf. Er nahm ihr das Weinglas aus der Hand und sagte: »Dann komm!«

Es waren ihre Augen, erzählte er ihr später immer wieder. Augen wie Seen, ruhig und tief und geheimnisvoll. Nein, sie war keine von diesen Schicki-Tussis, die nur in Szenekneipen rumstehen und Unsinn reden. Obwohl sie doch in einer Werbeagentur arbeitete. Fred fand die ganze Branche suspekt. Aber Marianne war eben anders; er liebte ihr irgendwie sanftes, fast trauriges Lächeln. Sie wurde ein ruhender Pol in seinem Leben, erzählte er allen Freunden, ob die es hören wollten oder nicht.

Einen Sommer lang schwebten beide auf rosa Wolken. Marianne bewunderte Freds »Verrücktheit«, wie sie es nannte. Er tauchte mitten in der Nacht mit einem Picknickkorb bei ihr auf. Dann saßen sie um fünf Uhr morgens an irgendeinem Bergsee und sahen zu, wie die ersten Sonnenstrahlen die Gipfel golden einfärbten. Fred liebte die Art, mit der sie ihre langen Haare zu einem nachlässigen Knoten wurstelte, wenn sie nachdachte.

Wann es angefangen hat, wußten beide hinterher nicht genau zu sagen. Aber irgendwann bemerkte Fred an ihr, daß sie die Augenbrauen hochzog, als er davon sprach, mal wieder rauszufahren. »Was ist los«, fragte er. Sie druckste herum. »Also, mal ehrlich, ich kann das wirklich nicht dauernd machen. Ich geh' schon auf dem Zahnfleisch. Wie soll ich denn fetzige Werbeslogans dichten, wenn mir am Computer die Augen zufallen. Wir können doch am Wochenende wieder ...« »Okay, Okay, schon gut, alles klar«, unterbrach Fred sie.

Es war, als wäre von diesem Moment an der Zauber gebrochen. Marianne ertappte sich dabei, daß sie zusammenzuckte, wenn abends spät das Telefon klingelte. Sie fühlte sich bedrängt, wie erschlagen von Freds ständigen Aktivitäten. Sie hatte immer mehr den Eindruck, daß er sie für langweilig hielt, auch wenn er nichts davon sagte ... Fred saß zu Hause und fragte sich, warum ihm eigentlich in jeder Beziehung irgendwann das Gleiche passierte. Er tat und machte, holte für die Frau die Sterne vom Himmel. Und wenn sie ihren Spaß gehabt hatte, zog sie sich einfach zurück. Oberflächliche Werbetussi!

Fred und Marianne haben sich danach noch einmal getroffen, zum Essen. Es war grauenvoll, fanden beide hinterher. Sie sprachen fast die ganze Zeit über Filme. Als sie sich trennten, wußten beide, daß es so schnell kein Wiedersehen geben würde.

Die beiden haben sich an einem Punkt voneinander verabschiedet, an dem viele Lieben aufgegeben werden. Doch genau dieser Punkt könnte der richtige Anfang der Beziehung sein. Der Moment, in dem man nicht mehr leugnen kann, daß das Bild, das man sich vom Partner gemacht hat, ein Irrtum war, ist immer schmerzhaft. Jeder kennt die Gefühle, die damit verbunden sind. Gefühle wie »Das ist mir doch schon mal passiert ...« »Warum gerate ich immer wieder an solche Typen?« Gefühle, die auch eine große Hilflosigkeit ausdrücken. Man will sie nicht haben und doch tauchen sie immer wieder wie Schatten im Leben auf – und das gerade in dem Moment, in dem man glaubt, endlich sein kleines Stückchen von der großen Liebe gefunden zu haben.

Es gibt tausend Gründe, warum man sich in jemanden verknallt. Wenn es eine tiefe, ernsthafte Empfindung ist, dann schwingt dabei von Anfang an das Gefühl mit: »Er/Sie hat etwas, das ich schon so lange suche. Es ist, als hätten wir uns schon ewig gekannt, als wären wir füreinander bestimmt.« Was die Marianne aus unserer Geschichte in Fred entdeckte, waren seine Impulsivität und seine Kraft, sie mitzureißen, ihr einen Teil seiner Lebendigkeit und »Verrücktheit« weiterzugeben. Er fand in ihr die beruhigende Beständigkeit, die Nachdenklichkeit. Das war und ist bei beiden ja auch wirklich da, das ist keine Illusion. Die Illusion, die schließlich wie eine Seifenblase platzt, ist eine andere.

Man kann das, was man am anderen als so faszinierend und schön empfindet, nicht vom Rest der Person trennen. Wenn man mit diesem Menschen zusammenleben will, muß man sich notgedrungen auch mit den anderen Seiten auseinandersetzen, und sie nicht nur akzeptieren, sondern achten lernen. Eine Annäherung, die schon schwer genug ist. Was diesen Prozeß aber erst richtig schwierig, manchmal sogar unmöglich macht: Was einem an dem Menschen, in den man sich verliebt hat, so strahlend erscheint, warum man glaubt, genau das zu brauchen, und warum man so zutiefst enttäuscht ist, wenn er oder sie dann doch nicht so ist, wie man es sich erträumte – das hat sehr viel mit einem selbst zu tun.

Uns ist klar, daß dieser Gedanke alles andere als naheliegend klingt. Wieso hat es etwas mit mir zu tun, wenn er/sie sich als Riesenenttäuschung herausstellt? Wir wollen hier auch auf keinen Fall das alte Lied von den »überzogenen Erwartungen, die eben nicht erfüllt werden können« spielen. Darum geht es hier nicht. Das Gefühl »Da ist jemand, den ich schon lange suche« ist ein Gefühl, das mit der größten Sehnsucht in unserem Leben zu tun hat – der Sehnsucht nach Geborgenheit, nach Aufgehobensein, nach Beschütztwerden. Diese Sehnsucht haben wir im Hinterkopf seit der Zeit, in der wir zum allerersten Mal Erfahrungen mit Geborgenheit und Beschütztwerden gemacht haben.

Es ist eine Sehnsucht aus der Kindheit, und dahinter lauern Gefühle aus dieser Zeit. Ängste vor Einsamkeit, vor dem Verlassenwerden. Angst davor, zurückgewiesen zu werden, unzulänglich zu sein, zu versagen. Das verzweifelte Bemühen, eben nicht zu versagen, eben nicht unzulänglich zu sein. Kurz: ein Chaos an Emotionen, die alles andere als angenehm sind.

Mariannes Phasen leiser Nachdenklichkeit weckten bei Fred Gefühle, die mit »ruhig werden«, »sich einfach fallenlassen«, »getröstet werden« zu tun haben. Gefühle, nach denen er sich selbst oft gesehnt hatte, die er aber nie zulassen konnte – als einziger Sohn einer Familie, in der der Vater nie da und die Mutter immer von einem Hauch von Leiden umgeben war, »durfte« er nicht auch noch traurig sein. Ihm fiel schon früh der Job des Entertainers zu. Wie hilflos und verzweifelt er sich dabei fühlte, hatte er im Laufe der Jahre vergessen, in denen er seine Spritzigkeit perfektionierte. In genau diese Seite Freds hatte Marianne sich zuerst verliebt.

Soviel Kraft zur Initiative, soviel Lebendigkeit – davon hatte Marianne geträumt, wenn ihre Eltern sie mal wieder aufzogen mit ihrer Traurigkeit, die sie »Tranigkeit« nannten. Marianne begann, den traurigen Teil von sich, den sie sich selbst nicht erklären konnte, so gut wie möglich zu verstecken.

Jeder Mensch hat einen solchen Schattenbereich von Gefühlen. Unangenehme, tiefsitzende Gefühle, die man auch vor sich selbst unter dem Deckel hält. Sie tauchen immer dann aus der Versenkung auf, wenn man emotional aufgewühlt ist. Liebe ist, zweifelsohne, eine aufwühlende Empfindung. Doch in dem Moment, in dem man merkt, er/sie ist irgendwie nicht so, wie man dachte, erreichen die Erschütterungen auch die Schattenbereiche. Sie wecken dort die dunkelsten Gefühle, die man jemals gespeichert hat. Bei Fred war das seine Wut und Hilflosigkeit: »Warum muß immer ich da sein und mich darum kümmern, daß es Leuten gut geht? Warum kümmert sich niemand um mich?« Marianne war wieder bei ihrer tiefen Beschämung und dem verzweifelten Trotz angelangt: »Warum verlangt ihr immer von mir, daß ich ein fröhliches, munteres Wesen bin?« Obwohl solche Gefühle im Grunde überhaupt nichts mit der tatsächlichen, aktuellen Situation zu tun haben, überträgt man sie auf den Menschen, der einem jetzt am nächsten steht – auf den Mann, die Frau, die man gerade noch so heiß geliebt hat.

Wenn solche Empfindungen hochkommen, heißt das also durchaus nicht, daß der Partner nicht der richtige war; auch nicht, daß irgend etwas bereits gründlich schiefgelaufen ist. Es heißt, daß es jetzt an der Zeit ist, sich eben auch mit diesen Schattenbereichen an Gefühlen auseinanderzusetzen, die da in einem toben.

Eines der Lieblingsbilder von Paartherapeuten ist das Bild von der »erwachsenen Beziehung«. Das heißt: Eine Liebe, die auf Dauer ein starkes Fundament hat, ist immer eine Beziehung zwischen zwei erwachsenen Menschen. Dabei ist »erwachsen« keine Frage von Lebensjahren, sondern wie sehr ein Paar es schafft, sich mit den Hoffnungen, Erwartungen und Ängsten, die beide mit der Beziehung verbinden, auseinanderzusetzen. Auch geht es darum zu erkennen, wieviele dieser Gefühle eigentlich Kindergefühle sind – eben jene hilflosen, ängstlichen, verzweifelten Kindergefühle voller Sehnsucht und Ohnmacht.

Vor der Faszination des Frisch-Verliebt-Seins steht man immer wie ein Kind. Der Erwachsenenteil der Beziehung beginnt mit der Erkenntnis, daß die Faszination sich nicht ewig frisch halten läßt und daß Partnerschaft eine Aufbauarbeit ist – die nicht zuletzt damit verbunden ist, daß man auch bei sich selbst mit Altlasten aufräumt.

Das »Paarzimmer« in unserem Familienhaus ist der Raum, in dem diese Aufbauarbeit stattfindet. Hier geht es um Austausch, um Kommunikation, um Auseinandersetzung. Hier ist ständig etwas in Bewegung, und es wird ständig umgeräumt. Am Anfang interessiert einen in diesem Zimmer wenig mehr als das Bett. Doch irgendwann braucht man eine Ecke, in der man Pläne ausbreiten kann, Reisepläne, Lebenspläne, Kinderpläne … Einen Tisch, an dem man mit gemeinsamen Freunden feiert und diskutiert; an dem man zu zweit nächtelang sitzt und redet. Ein Sofa, auf dem man zusammen rumfläzt und ganz gemütlich einen Film guckt. Ganz klar, daß in diesem Zimmer auch mal ein Glas an die Wand fliegt, jemand eine Tür wutschnaubend zuschlägt. Hinterher trifft man sich hier wieder, um Versöhnung zu feiern.

Im Idealfall bleibt das Paarzimmer ein lebendiger Raum, der für beide Partner wichtig ist – wichtig genug, um darum zu kämpfen, daß nichts und niemand sonst sich in diesem Zimmer breitmachen darf.

Eine Beziehung, die einen solchen ureigenen Raum hat, kann jede Menge verkraften. Finanzielle Probleme und Seitensprünge, Krankheiten, nörgelnde Schwiegereltern und eifersüchtige Freunde. Eine solche Beziehung lebt nicht zuletzt davon, daß beide Partner sich weiterentwickeln – weil jeder dem anderen das Recht zugestehen kann, so zu sein, wie er/sie nun einmal ist, mit allen Schwächen und Fehlern. Wenn man das kann, hat man das Schönste erreicht, was man in einer Partnerschaft überhaupt erreichen kann: Eine Art heitere, entspannte Solidarität. Man muß nicht mehr ständig versuchen, einander zu verändern. Und man fordert voneinander auch nicht mehr Dinge, die einem niemand geben kann.

Das sagt und liest sich leicht. Doch jeder von uns weiß, wie schwer der Aufbau solch starker Beziehung in Wirklichkeit ist. Wie schwer es ist, wirklich offen alle Gefühle auf den Tisch zu packen. Ich fühle mich verletzt, wenn du dieses oder jenes tust. Ich habe Angst davor, dich nach deinen Gedanken zu fragen. Ich kann es nicht ertragen, wenn ich nicht weiß, was los ist. Die Beziehung, in der solche Gefühle nach dem Abklingen der Verliebtheitsphase überhaupt nicht auftauchen, gibt es nicht. Es gibt auch wohl kaum jemanden, der nicht gegen Magenflimmern ankämpfen muß, bevor er/sie sich traut, etwas davon anzusprechen. Ob man es schafft, diese Angstschwelle zu überwinden, oder die Gefühle lieber runterschluckt, hat nichts mit Mut oder Willen zu tun. Man kriegt die Fähigkeit dazu nicht einfach so in die Wiege gelegt. Man entwickelt sie durch Erfahrungen, die man nur im Umgang mit anderen Menschen sammeln kann. Diese Erfahrungen werden von zwei wichtigen Einflüssen geprägt:

1. Die Kindheitsfamilie, in der man aufgewachsen ist. Hat man da erlebt, daß die Eltern Dinge offen angesprochen haben?

Wurde man mit dem Gefühl groß, sagen zu dürfen, was einen berührt, was man nicht versteht, was einem Sorgen macht? Hat man schon früh miterlebt, daß zwei Menschen sich mal die Meinung sagen können, ohne daß man davon stirbt? Daß man sich auch mal anschreien kann, und sich hinterher dann wieder versöhnt? Dann hat man auch später in seinem eigenen Leben keine panische Angst davor, unangenehme Themen zu berühren.

2. (und das hängt eng zusammen mit 1.) Die Sicherheit, mit der man auf den eigenen Füßen steht. Wie sehr ist man bei sich, im eigenen Zimmer, das wir im vorigen Kapitel beschrieben haben, zu Hause? Zu einer offenen Auseinandersetzung gehört auch, daß man beim Gegenüber aneckt, daß man riskiert, abgewiesen zu werden, vielleicht sogar angegriffen zu werden. Das kann man aber nur ertragen, wenn man nicht in den tiefsten Grundlagen seiner Persönlichkeit davon abhängig ist, daß alle anderen einen immerzu toll finden.

Wie man diese Fähigkeiten in Familien erwirbt (oder eben nicht erwirbt), und wie man sie dann später weitergibt, wird uns in den nächsten Kapiteln noch ausführlicher beschäftigen. Was an dieser Stelle gar nicht deutlich genug gesagt werden kann: Es gibt nur sehr wenige Menschen, die so gute Startchancen in ihren Kindheitsfamilien hatten, daß sie von Anfang an Weltmeister in Sachen Konfliktbewältigung und Offenheit wären. Andere familiäre Erfahrungen sind da schon viel vertrauter: Daß Auseinandersetzungen etwas Unangenehmes sind. Daß man davon verletzt wird. Daß sie mit stummer Traurigkeit, tagelangem grausamen Schweigen, ja vielleicht sogar mit Gewalt enden. Die Lehre, die man aus solchen Erfahrungen zieht, heißt meistens: Am besten, man tut so, als wäre alles in Ordnung. Am besten, man vermeidet unangenehme Situationen.

Damit fährt man ja auch nicht unbedingt schlecht. Es heißt durchaus nicht, daß man schüchtern ist, erkennbare Schwierigkeiten mit Kommunikation hat. Die Ängstlichkeit, Hilflosigkeit steckt man ganz in den Hintergrund. Vielleicht ist man ja sogar, wie der Fred aus unserer Geschichte, eine Stimmungskanone. Immer im Mittelpunkt zu stehen, von allen bewundert zu werden, ist nicht der schlechteste Weg, allzu offene Auseinandersetzungen zu vermeiden. Sich nach nichts mehr zu sehnen als danach, daß endlich einer/eine kommt, das Spiel durchschaut und fragt: »Was ist wirklich mit dir los«, ist eine Sache, das tatsächlich zulassen und aushalten zu können, eine ganz andere.

Die meisten von uns sind Lehrlinge in Sachen gegenseitiger Annäherung. Das spüren wir, wann immer wir mit anderen Menschen zu tun haben, ob in Freundschaften, ob im Kollegenkreis. Im Hochgefühl des Verliebtseins glaubt man, jetzt sei alles anders, und Probleme, die man früher mal hatte, seien gelöst – um im Beziehungsalltag dann festzustellen, daß das nicht so ganz stimmt, denn mehr oder weniger schnell gerät man in die gleichen altvertrauten Bereiche der Hilflosigkeit. Irgendwie liebt man sich ja – aber irgendwo spürt man sehr unangenehme Mißtöne. Man wird verletzt von Gesten, Blicken. Man zuckt zusammen, aber man kann einfach nicht darüber sprechen, findet keinen Kanal, auf dem man mitteilen könnte, was man empfindet.

Die Voraussetzungen, da rauszukommen, sind etwas günstiger, wenn man sich in jemanden verliebt hat, der ein paar Schritte weiter ist als man selbst, der es schafft, unterschwellige Stimmungen anzusprechen, der Dinge fragt, wie: »Warum bist du so komisch, hat das etwas mit mir zu tun?« Fragen, die rein theoretisch Brücken bauen können über Abgründe von Schweigen, die einem helfen, sich in Bereiche vorzuwagen, vor denen man bisher immer Angst hatte. Rein praktisch sind einem solche Fragen aber oft zuviel. Man weiß ja selbst nicht genau, was los ist. Was also häufig passiert: Beziehungen, in denen so etwas geschieht, haben keinen Bestand. Man trennt sich – enttäuscht der/die eine, erschreckt und in die Enge gedrängt der/die andere.

Meistens bleibt man genau mit dem Menschen zusammen, der sich auf einer ähnlichen Ebene der Entwicklung vom emotionalen Kind zum »Erwachsenen« befindet. Das heißt eben oft: Da treffen sich zwei, die sich in ihrem Versteckspiel und ihrer Hilflosigkeit gegenseitig ergänzen, und ohne es richtig zu merken, geht man fast von den allerersten Anfängen der Beziehung an so etwas wie eine stillschweigende Übereinkunft ein. Zum

Beispiel: Es gibt Bereiche, über die ich nicht reden will, nicht reden kann; es gibt Stellen, an denen ich betriebsblind bin. Und du, mein Partner, meine Partnerin, sprichst diese Punkte nicht an, weil auch du deine wunden Stellen hast. Solche Übereinkünfte existieren in so gut wie jeder Beziehung. Es sind keine bewußten Übereinkünfte. Man entscheidet sich nicht dafür, weil man darüber nachgedacht hat, oder weil man es nach Abwägen aller anderen Möglichkeiten für das Beste hält. Man tut einfach bestimmte Dinge nicht, stellt bestimmte Fragen nicht, sagt bestimmte Sätze nicht. Diese Übereinkünfte sind von der Grundidee her gar nicht mal so schlecht – denn sie dienen schließlich auch dazu, einander zu schützen. Sie können aber genau das Gegenteil bewirken: Geschützt wird nur die Oberfläche der Beziehung, darunter staut sich ein Bodensatz von verletzten – und verletzenden – Gefühlen auf.

Einfaches Beispiel: sie liest in der Mittagspause eine Filmkritik. Toll, denkt sie, den will ich sehen; sie greift zum Telefon, um ihn anzurufen und zu fragen, ob man sich, wenn er Lust hat mitzukommen, nicht abends gleich am Kino treffen soll. Er ist kurzangebunden, völlig unbegeistert, murmelt nach einer Minute, »nee, weiß nich ...«. Sie legt auf, in ihren Gefühlen getroffen. Warum war er so unfreundlich? Nervt es ihn, wenn sie ihn anruft? Wenn er keine Zeit hat, warum sagt er das nicht einfach? Ihr Nachmittag vergeht mit unguten Gefühlen. Sie wollte ihm doch nur einen Vorschlag machen; es ist ja nun wirklich nicht so, daß er vor Ideen nur so sprühen würde ...

Er sitzt derweil an seinem Schreibtisch und hat ein schlechtes Gewissen. War er zu kurz angebunden? Er war genervt, weil der Chef diese Unterlagen von ihm am Nachmittag noch haben wollte, er hat ihn eh auf der Abschußliste. Teufel auch! Jetzt hat sie ihn völlig rausgebracht; er kann sich überhaupt nicht mehr konzentrieren. Sie erwartet aber auch immer, daß er vor Begeisterung in die Luft springt, wenn sie mal wieder eine ihrer spontanen Ideen hat. Immer soll er gleich parat stehen ...

Nun gibt es viele Möglichkeiten, mit der Situation umzugehen. Zum Beispiel sagt sie abends zu ihm: »Hör mal, ich fand das schon etwas heftig, daß du mich so kurz abgefertigt hast.

Was war denn?« Das gibt ihm Gelegenheit, seine mißliche Lage zu erklären. Oder er könnte sagen: »Du, ich habe ein mordsschlechtes Gewissen, weil ich so knapp war am Telefon, aber der Chef ...« Beides Möglichkeiten, ein Gespräch in die Wege zu leiten, das die Lage klärt und die Spannung, die sich hinter der Situation angedeutet hat, abbaut.

Aber mal angenommen, das Paar hätte schon längst seine Übereinkunft »nur nicht dran rühren« getroffen. Dann verläuft die Sache anders. Etwa so: Er kommt abends nach Hause. Sie ist schon da. Er spürt sein schlechtes Gewissen, sie den Stich, als er so schnell auflegte. Beide beäugen sich vorsichtig nach Anzeichen etwaiger Verstimmung. Scheint nichts zu sein, oder? Schnell bringt er (oder sie) das rettende Ablenkungsthema: »Weißt du, wen ich heute mittag getroffen habe, du glaubst es nicht ...« Aufatmen bei beiden. Unangenehme Diskussion geschickt vermieden. Und doch: Die unguten Gefühle sind noch da.

Die geschilderte Szene ist natürlich noch nicht der Beginn einer tiefen Beziehungskrise. Doch sie zeigt schon, wieviel emotionale Energie Paare in solche Katz-und-Maus-Spiele investieren, obwohl sie es eigentlich gar nicht wollen. Je länger solche Spiele miteinander gespielt werden, desto größer wird die Angst davor, die Regeln zu durchbrechen. Ganz langsam dehnen sich »schwarze Löcher« in der Partnerschaft aus. Beide brauchen immer mehr Energie, um die Bereiche des lähmenden Schweigens um die Ränder herum zu umsegeln. Ganz langsam verwandeln sich die anfänglich leisen Irritationen, die beide spüren, in ein ätzendes Gift.

Immer ich ...

19.30 Uhr. Thomas wirft die Akte mit der Gewässerstudie auf den Couchtisch, streckt sich und geht in die Küche. Gegen acht würde sie zu Hause sein, hatte Karin am Telefon gemeint. Zeit, die Bohnen in den Topf zu tun und die Tomaten anzubraten. Die Steaks würde er in die Pfanne schmeißen, wenn Karin kommt.

Für Thomas liegt das Geheimnis beim Kochen in der Zeitplanung.

Verschätze dich um fünf Minuten, und das Fleisch ist zäh und die Bohnen sind matschig. In drei Jahren Ehe hat er Karin nicht davon überzeugen können, daß gutes Essen eine Lebensphilosophie ist. Als sie sich kennenlernten, ernährte sie sich vom Pizza-Service. Sie aß das Zeugs direkt aus dem durchgeweichten Karton. Thomas schüttelt es allein bei dem Gedanken. Ja klar, sie lobt seine Kochkünste überschwenglich. Aber er ist trotzdem sicher, sie würde zur Pizza zurückkehren, wenn es ihn nicht mehr gäbe in ihrem Leben – und es würde ihr überhaupt nichts ausmachen …

19.45 Uhr. Karin schielt verstohlen auf die Uhr. Verflucht, so spät schon! Um acht würde sie zu Hause sein, hatte sie Thomas gesagt. Nicht mehr zu schaffen … Mußte die Chefin auch ausgerechnet über den Flur laufen und bei ihr ins Zimmer gucken, gerade, als sie zusammenpacken wollte? »Ach, Sie sind ja auch noch hier …« Jetzt erzählt sie gerade mal wieder diese Anekdote, in der sie selbst, wie Karin heute, ein Nachwuchstalent in der Marketingabteilung war und das erste Mal zu einer wichtigen Konferenz reisen durfte. Eine lange Anekdote …

20.05 Uhr. Thomas stellt die »Bohnen á la Siciliana« auf die kleinste Flamme. Keine Karin in Sicht. Sie müsse noch was fertigmachen für morgen, hatte sie gesagt. Okay, okay! Aber kann sie sich nicht melden, wenn es später wird? Sowas merkt man doch rechtzeitig. Thomas ist es gewohnt, daß Karin Überstunden macht. Ist ja auch in Ordnung. Karin ist eine Frau, die ihre Chancen nutzt. Das hat er immer an ihr bewundert. Schließlich war sie es, die bei ihm damals die Initiative ergriffen hat. Er hat sich von Karin verführen lassen – und es war phantastisch.

Thomas denkt an diese übermütigen Fältchen über der Nasenwurzel, wenn sie irgendwas witzig findet. »Was machst denn du eigentlich so«, fragte sie, als sie sich zum ersten Mal offiziell verabredet hatten. »Ich bin bei der Umweltbehörde«, hatte er gesagt. »Du bist Beamter«, meinte Karin nach einer winzigen Pause. Es war mehr Feststellung als Frage, und über ihrer Nasenwurzel kräuselten sich die Fältchen.

20.25 Uhr. »Du liebe Güte, warum sagen Sie nichts, ich halte Sie auf …« Die Chefin hat Karins gehetzten Blick zur Uhr bemerkt. Karin murmelt Entschuldigungen, tja, ja, die Liebe … Auf dem Weg zum

Auto flucht sie lautlos vor sich hin. Thomas – am liebsten würde sie ihn … Immer dieses »Wenn du was anderes vorhast, macht das nichts, ich muß mich nur mit dem Kochen darauf einstellen …« Dabei sieht sie ihn vor sich, wie er allein in der Küche am Tisch sitzt und sein »Steak mit Bohnen á la Siciliana« verspeist. Mit diesem ganz bestimmten Ausdruck in den Augen, der ihr den Magen umdreht. Niemals ein Vorwurf, oh nein!!

20.35 Uhr. Die Bohnen zerfließen langsam in den Tomaten. Thomas stellt den Strom ab. Na, gut – es war ziemlich blöd von ihm, etwas zu kochen, das man nicht warm halten kann. Auch gut – er hätte sich denken können, daß Karin wieder mal später kommt, als sie angekündigt hat. Scheint ihr ja wirklich ziemlich egal zu sein, was sie mit ihm ausmacht.

Da ist diese Phantasie, die er seit ein paar Monaten dauernd hat. Er sieht Karin, wie sie nach irgendeiner »wichtigen« Besprechung noch zusammensitzt mit ihrem Kunden. Managertypen, dynamisch, das Handy in der Tasche. »Ich höre, Sie sind verheiratet, ist Ihr Mann auch in der Branche?« fragt einer. In Thomas Phantasie sagt Karin, mit Lachfalten über der Nase: »Ach nein, der ist Beamter, der hat viel Zeit, der macht mir den Haushalt …«

20.45 Uhr. Wenn es regnet, ist diese Stadt immer dicht. Der Scheibenwischer ploppt rhythmisch über die Windschutzscheibe von Karins Wagen. Thomas wird stinksauer sein, und er wird wieder mal keinen Ton sagen. Thomas, der Heilige. Thomas, das Weich-Ei … Obwohl – das ist gemein. Schließlich hat sie nie einen Mann getroffen, der so ist wie er. So nachdenklich und fürsorglich.

20.55 Uhr. Thomas schaltet den Fernseher an. Schaltet ihn wieder aus. Die Gedanken tuckern im Kopf. Immer ich! Ich darf einkaufen, klar, ich komm' ja auch um vier aus dem Büro, ich hab' ja soviel Zeit. Ich darf für Madame kochen, natürlich, es wird gern genommen. Und was macht sie? Ihr ist doch alles schnurzegal …

21.00 Uhr. Karin parkt ein und stellt den Motor ab. Sie hat überhaupt keine Lust, auszusteigen. Wenn Thomas doch einmal den Mund aufmachen würde und sagen, was los ist. Meint er etwa, sie hätte nicht bemerkt, wie er immer wieder von seinem Kumpel Karsten erzählt, dessen Frau gerade ein Kind gekriegt hat? Aber nein! Thomas findet es völlig okay, wenn für sie ihre Arbeit im Moment wichtiger ist. Karin nickt sich selbst im Rückspiegel grimmig zu. Echt Klasse, Mädel. Immer bist du es, die ein schlechtes Gewissen haben darf. Das macht er doch wirklich gekonnt, dir den Spaß an deinem Job zu verderben!

»Immer ich« ist ein Gefühl, das über Jahre wächst. Das Immer-ich-Gefühl lähmt eine Beziehung, denn es zementiert die Nebelwand, die man mit den Nur-nicht-dran-rühren-Spielen zwischen sich und dem Partner/der Partnerin gezogen hat. Je länger sich das Immer-ich-Gefühl von beiden unangetastet in einer Beziehung ausbreiten kann, desto größer wird sein Schatten. Denn es hat diesen bitterbösen, lange unausgesprochenen Nachsatz: Und das hast du mir angetan. Du, der Mensch, dem ich meine Liebe geschenkt habe!

Doch das stimmt ja nicht. Sowas stimmt nie. Zu einer Beziehung gehören immer zwei, und bei der Entscheidung, ob daraus der Himmel oder die Hölle auf Erden wird, oder einfach irgendwas dazwischen, spielen immer zwei Leute mit. Natürlich – das ist eine Binsenweisheit. Doch wir werden in diesem Buch nicht ganz darum herumkommen, gelegentlich auch mal eine Binsenweisheit zu verkünden. Eine der faszinierendsten Einsichten, die eine Paar- und Familientherapie vermitteln kann, ist nämlich diese: Die Lösung für Situationen, in denen sich Menschen total festgefahren fühlen, ist manchmal so einfach, daß man fast darüber lachen müßte, hätte man sich nicht all die Jahre so damit gequält.

Wenn in einer Beziehung aus mehr oder weniger großer Liebe etwas anderes wird, etwas, das man nie so haben wollte, das einen frösteln läßt, dann erscheint die Entwicklung meistens als uneinsichtiger Schlag des Schicksals. Was ist bloß mit uns passiert? Die Frage, die sich Karin und Thomas an Abenden wie dem in unserer Szene beschriebenen stellen, dürfte vielen Lesern vertraut sein, und wie bei Karin und Thomas ist oft eigentlich alles so gelaufen, wie man gedacht hatte. Thomas verliebte sich in Karin, die Powerfrau – und mit Power geht sie nach wie vor ihren eigenen Weg, der bei ihr im Moment »Karriere« heißt. Karin verliebte sich in einen Mann, der weit weg von üblichen

Klischees sensibel, einfühlsam, fürsorglich war. Auch Thomas hat sich nicht als verkappter Macho entpuppt.

Wir haben am Anfang dieses Kapitels beschrieben, wie mit dem Ende der Verliebtheitsphase die Schattenbereiche der eigenen Seele geweckt werden. Im Grunde ist genau das auch bei Karin und Thomas passiert. Seine Fürsorglichkeit weckt bei ihr »Du tust zu wenig für mich, du machst es dir zu leicht.« Ihre Reaktion: Abwehr und Wut, denn sie fühlt sich eingeengt. Karins Wunsch nach Unabhängigkeit, ihre Abneigung gegen Anrufe wie »es wird wohl doch später« weckt bei ihm »Du bist mir sowas von egal, du bist mir ja doch nur ein Klotz am Bein«. Seine Reaktion: Trotz und Bitterkeit, er fühlt sich zurückgestoßen und ausgenutzt.

Und dabei hadern beide mit einem Phantombild, das sie voneinander entwickelt haben. Wie sie sich in der heißen Verliebtheitsphase das Bild vom Märchenprinzen und der Prinzessin gemalt haben, so wird er jetzt zum Bösewicht, sie zur schwarzen Fee. Der Witz dabei ist – die beiden haben sich die ganze Zeit lang nie so richtig kennengelernt. Denn sie sind schon sehr früh auf das Spiel »Nur nicht dran rühren« eingestiegen. Die Regeln lauten in etwa: Wir wollen nichts mit traditionellen Rollenklischees am Hut haben; selbstverständlich lassen wir uns unsere Freiräume; wir stellen keine inquisitorischen Fragen, wenn einer mal eine halbe Stunde später nach Hause kommt.

Das Spiel hat beiden drei Jahre lang geholfen, absolut unangenehme Themen zu umgehen: Wie schwierig, ja schmerzhaft es ist, sich gegenseitig wirklich Freiräume zu lassen, in denen der andere nichts zu suchen hat; ob die gemeinsame Zukunft die Möglichkeit für ein Kind offenläßt; wozu man sich eigentlich braucht. Wie viele Paare haben sich auch Karin und Thomas halbwegs gut damit arrangiert, ihre Beziehung drei Ehejahre lang um diese Themen herum zu gestalten. Sie waren sogar privilegiert, da es viele Möglichkeiten zur Ablenkung gab. Beide haben einen Beruf, der sie interessiert. Sie konnten sich eine schöne Wohnung einrichten. Sie konnten schöne Reisen machen. Doch echte Gefühle haben eine enorme Kraft. Sie lassen sich nicht ewig umgehen, sondern melden sich irgendwann massiv zu Wort. An so einem Punkt sind die beiden jetzt gerade.

Jeder spürt, wenn das Leben mit dem Menschen, mit dem man auf dieser Welt am meisten zu tun hat, in eine Sackgasse geraten ist. Auch, wenn man es nicht richtig in Worte fassen kann, geschweige denn, diese Worte auch noch aussprechen – das Gefühl, so geht es eigentlich nicht weiter, ist trotzdem deutlich da. Was uns hier wichtig ist: Man darf dieses Gefühl nicht ignorieren. Es ist ein Hinweis darauf, daß die Partnerschaft noch ziemlich lebendig ist. Doch je länger man an den Spielen, an dem Umgehen von Themen, festhält, desto mehr trocknet der Kern der Beziehung aus. Denn wie soll man lebendige Nähe spüren, wenn man nie über das spricht, was einen wirklich interessiert, was einen zutiefst berührt? Und was berührt einen mehr als eine Beziehung, unter der man zu leiden beginnt?

Man hält sich immer gern an dem Glauben fest, daß das nur eine Phase ist, die Dinge sich schon von selbst einrenken. Man schiebt die Sekunde der Entscheidung zwischen »weiterspielen« und »etwas ändern« immer und immer wieder vor sich her. Nach Monaten oder Jahren, in denen man so getan hat, als wäre alles in Ordnung, plötzlich zu sagen, es ist gar nicht alles in Ordnung, ist sehr schwer. Es ist wie ein Sprung vom Zehn-Meter-Brett. Doch sobald man ihn gewagt hat, und merkt, daß man Offenheit in der Beziehung überleben kann, hat sich die Situation schon verändert.

Wobei wir hier eine Einschränkung machen müssen: Es gibt Situationen, in denen man diesen Sprung nicht alleine schaffen kann. Sobald Gewalt im Spiel ist, psychische oder körperliche, sind die Verletzungen zu groß, um sie ohne Hilfe heilen zu können. Die Entscheidung, eine Beratungsstelle oder einen Familientherapeuten einzuschalten, kommt auch dem besagten Sprung gleich. Doch es ist ein sehr wichtiger Sprung. Denn er führt aus einer Beziehung heraus, die für beide zum scheinbar ausweglosen Gefängnis geworden ist – bevor die Ausweglosigkeit eine Tragödie bewirkt.

Karin und Thomas sind an keinem Punkt, der ausweglos wäre. Sie könnten jederzeit aussteigen aus ihrem Versteckspiel –

zum Beispiel an diesem verregneten Abend, an dem Karin eine Viertelstunde lang im Auto sitzt und nicht aussteigen will, und an dem Thomas sich mit Phantasien quält von einer Karin, die ihn vor ihren Kollegen verarscht. Es sind immer Momente wie diese, in denen man spürt, wie müde einen die ewigen Gedankenspiralen machen, wie anstrengend es geworden ist, immer die gleichen Themen zu umgehen, an denen man genug Druck verspürt, um wirklich etwas ändern zu wollen. Man ändert überhaupt nichts, wenn man in diesen Momenten dieses »Das hast du mir angetan« herausschleudert und sich gegenseitig mit Vorwürfen zerfleischt. Man ändert in genau der Sekunde etwas, in der man begreift, daß dieser Satz nicht stimmt. In dieser Sekunde könnte Karin aus dem Wagen steigen, zu Thomas zurückkehren und einfach sagen: »Du, ich habe gerade eine Viertelstunde im Wagen gesessen und mich sauschlecht gefühlt. Hilf mir, herauszufinden, was mit uns passiert ist …«

Dieser Satz könnte für beide der Beginn eines echten Abenteuers sein – des Abenteuers, sich nach Jahren des Zusammenlebens endlich kennenzulernen. Was nicht heißt, daß ihre Partnerschaft von jetzt an eine endlose Reihe gnadenloser Seelenstrips sein muß, immer beladen von anstrengender Beziehungsarbeit. Im Gegenteil. Wenn man offen zueinander ist, wird alles viel einfacher. Man muß nicht mehr dauernd miteinander kämpfen. Man kann sich endlich auch einfach mal nur so köstlich miteinander bekringeln über irgendeinen Gag, den auf dieser Welt nur zwei Menschen verstehen.

Vielleicht fragt sich mancher Leser an dieser Stelle, warum wir hier so viel über Beziehungen berichten, wo es doch um Familien gehen soll. Der Grund ist sehr naheliegend: Weil das Paarzimmer, in dem wir uns gerade befinden, das wichtigste Zimmer im Familienhaus ist. Diese Tatsache wird nur allzu oft gar nicht richtig wahrgenommen. Hier ist nämlich die Keimzelle für das Leben, das sich in einer Familie entwickelt, und das nicht nur im wortwörtlichen Sinne.

Es gibt keine bessere Startbedingung für die Gründung einer Familie als eine Beziehung, die von entspannter Solidarität bestimmt wird. Denn das Kind hat keine Wahl. Es wird hineingeboren in das emotionale Umfeld, das seine Eltern sich zusammen geschaffen haben. Im Idealfall ist dieses Umfeld stark, wird bestimmt von Offenheit, Lachen, von »erwachsener« Partnerschaft. Im weit häufiger anzutreffenden Normalfall kommen Kinder in Beziehungen auf die Welt, die noch auf dem schwierigen Weg zum Erwachsenwerden sind. Das heißt: Das Paar muß sich schon mit der neuen Situation »wir haben jetzt ein Kind« auseinandersetzen, bevor es sich zu zweit auf einer tragfähigen Basis zusammengerauft hat. Was das bedeutet, werden wir sehen, wenn wir unseren Rundgang gleich im nächsten Raum, dem Elternzimmer, fortsetzen.

Übung 2

* Eine kleine Aufgabe, die hilft, sich an die Emotionen in der Beziehung der Eltern zu erinnern, wie man sie als Kind erlebt hat. Stellen Sie sich vor, Sie würden für Ihre Mutter eine kleine Ansprache schreiben, mit der sie Ihren Vater zur »Goldenen Hochzeit« überraschen will. Erster Satz: Als wir damals jung waren ... Was, glauben Sie, würde Ihre Mutter wohl sagen wollen? Wechseln Sie dann die Perspektive und schreiben die Ansprache aus der Sicht Ihres Vaters ...
* Machen Sie sich eine Liste mit den fünf Punkten, die für Sie in einer / in Ihrer Beziehung am wichtigsten sind. Zum Beispiel Wärme, Humor, Zärtlichkeit ...
* Skizzieren Sie zu jedem der Stichwörter in zwei Sätzen, was diese Sehnsüchte mit dem zu tun haben könnten, was sie über Ihre Eltern mitbekommen haben von deren Beziehung. Zum Beispiel: Ich fand das als Kind immer ganz toll, wenn mein Vater nach Hause kam und Mutti erstmal zärtlich in den Arm genommen hat. Oder auch: Ich brauche das Gefühl, daß ein Mann/eine Frau mir Wärme geben kann, denn eine Beziehung, die so steif ist wie die meiner Eltern, könnte ich niemals aushalten ...

Obergeschoß Elternzimmer: Der Dritte im Bunde

Ein Kind schlägt in jede Beziehung ein wie ein Meteor. Auch wenn man sich noch so gut vorbereitet hat, sich theoretisch klar ist über die Veränderungen, die da auf einen zukommen – was es tatsächlich bedeutet, ein Baby zu haben, beginnt man erst zu begreifen, wenn man es erlebt.

Es gibt kein anderes Wesen auf dieser Welt, das so hilflos ist wie ein menschlicher Säugling. Für den Verlauf der Schwangerschaft und der Stillzeit zieht der Nachwuchs schon aus biologischer Notwendigkeit in das »eigene Zimmer« der Mutter ein – sie ist körperlich und emotional so eingespannt, daß ihr kaum noch Raum für sich bleibt. Auch der Stellenwert, den die Beziehung bisher bei ihr wie bei ihrem Partner, dem glücklichen Vater, einnahm, ist vorübergehend eingeschränkt. Dem Paar bleibt einfach keine ungestörte Zeit miteinander; die Tage und die Nächte vergehen mehr oder weniger schlaflos. Im »Paarzimmer« stapeln sich die Windeln.

Was diese Baby-Invasion im Familienhaus aber auf gar keinen Fall automatisch bedeutet: Daß von jetzt an bis ans Ende aller Tage Mutters Zimmer und Paarzimmer ganz automatisch vom Kind mit Beschlag belegt werden. Es ist vielmehr höchste Zeit, ein neues Zimmer im Familienhaus in Betrieb zu nehmen, in dem man die ungewohnte Aufgabe, die einem durch die Geburt zugefallen ist, gemeinsam erledigt – das Elternzimmer.

Mutter oder Vater zu sein ist keine angeborene, engelsgleiche Eigenschaft. Eltern haben als solche einen Job, der anspruchsvoll ist und viel Verantwortung mit sich bringt. Jeder muß sich mit diesem Job erst mal vertraut machen, und dabei geht man am besten so vor wie bei jeder neuen Stelle, die man antritt: sich überlegen, welches Aufgabenfeld der Job umfaßt; und was der Arbeitgeber von einem erwartet.

Der Auftraggeber, für den man im Elternzimmer arbeitet, ist eindeutig – das Kind! Diese Tatsache schreibt man sich am besten in ganz großen Buchstaben an die Wand – denn man neigt dazu, sie sehr schnell wieder zu vergessen. Am besten schreibt man auch gleich dazu, wie der Auftrag lautet, den man bei der Geburt bekommen hat. Dieser Auftrag besteht aus zwei Teilen, die beide gleich wichtig sind.

Der erste Teil: Beschützt mich, denn ich kann mich noch nicht selbst schützen. Bewahrt mich vorm Verhungern und Verdursten, vorm Verzweifeln und vor der Einsamkeit. Gebt mir einen Rahmen, in dem ich mich sicher fühle. Aber macht kein Gefängnis daraus!

Diese Einschränkung ist von großer Bedeutung. Denn wenn man ein Kind vor lauter Schutz fast erdrückt, vernachlässigt man den zweiten Teil seines Auftrages an die Eltern, und der lautet: Zeigt mir, wie man lebt. Er lautet nicht: Sorgt dafür, daß ich es immer gut habe in meinem Leben, mir nie über irgend etwas Sorgen machen muß. Sondern: Zeigt mir, was Lachen ist, was Liebe ist, wie man es sich schön macht. Zeigt mir aber auch, wie man Probleme löst, wie man Schwierigkeiten überwindet. Kurz – macht mich fit dafür, einmal ein selbständiges Leben leben zu können.

Es gibt eine Idealbesetzung für das Elternpaar, das diesen Auftrag optimal hinkriegt. Das sind zwei Menschen, die beide ihre Dachzimmer im Familienhaus haben, wo sie auftanken, abschalten, ein eigenes Leben führen können, und die zusammen eine Beziehung haben, die stark ist, die lebendig ist, die ihnen wichtig ist. Zwei Menschen, die miteinander lachen und rumalbern. Zwei Menschen, denen es Spaß macht, miteinander zu schlafen, und die darum gar nicht schnell genug wieder so oft wie möglich in ihrem »Paarzimmer« verschwinden können.

Viele Leser verbinden möglicherweise mit einem Paar, auf das diese Beschreibung zutrifft, eher den Begriff »Rabeneltern«. Heißt Vater, Mutter zu sein denn nicht, sein Kind zu lieben und immer da zu sein, wenn es einen braucht? Selbstverständlich.

Aber das ist eben nur eine Seite der Medaille – und nur eine Seite der Aufgabe, die wir gerade beschrieben haben. Die schützende Seite nämlich. Die Sache mit dem »zeigen, wie man lebt« stellt zum Beispiel die Anforderung, darüber nachzudenken, ob das Kind einen denn wirklich rund um die Uhr braucht; und ob es wirklich seinen Bedürfnissen entspricht, wenn seine Eltern sich rund um die Uhr zu hundert Prozent mit ihm beschäftigen.

Es ist ganz natürlich, daß Paare, die zum ersten Mal Eltern geworden sind, am Anfang in ihrem neuen Job unsicher sind, auf keinen Fall Fehler machen wollen. Sie trauen sich nicht, ihr Kind aus ihrer Obhut zu geben. Sie wissen nicht, ob sie sich soviel »Egoismus« leisten dürfen, ob sie ihrem Kind damit nicht schaden. Aus der psychologischen Entwicklungsforschung ist inzwischen gesichert, daß Kinder Stimmungen ihrer Eltern geradezu aufsaugen. Auch Babys spüren ganz deutlich, wie es Mutter und Vater geht. Sie spüren die ängstliche Stimmung, wenn die Eltern es nicht allein lassen wollen – und fangen dann zum Beispiel an zu weinen. Sie spüren, wenn die Eltern sich schlecht fühlen, weil sie sich etwas versagen, wonach sie sich wahnsinnig sehnen. Sie spüren auch, wenn die Eltern sich wohl fühlen, wenn sie ganz entspannt sind. In dieser entspannten Atmosphäre fühlen sich Kinder am sichersten. Es gibt kein Gefühl, das Kindern besser tut und mehr sichere Geborgenheit vermittelt, als aufzuwachen und die Eltern nebenan miteinander lachen zu hören, weil es ihnen richtig gut geht nach einem schönen Abend zu zweit.

Zu den Fertigkeiten, die der Elternjob mit der Zeit mit sich bringt, gehört die, ein Gespür dafür zu entwickeln, wann sein Kind einen braucht – und wann man nur meint, es bräuchte einen, weil man selbst sich dann besser fühlt. Für Elternlehrlinge ist es immer gut, sich an ihren Auftrag zu erinnern. Ein Kind zu schützen, heißt zum Beispiel und selbstverständlich nicht, es abends drei Stunden alleine zu Hause zu lassen, weil man ins Kino gehen will. Aber es könnte zum Beispiel heißen, irgendwie eine Möglichkeit einzurichten, daß ab und zu ein vertrauensvoller Mensch abends mal für ein paar Stunden auf das Kind aufpaßt. Das gibt den Eltern Gelegenheit, diese paar Stunden wieder einmal nichts weiter als ein Liebespaar zu sein. Für das Kind ist eine Atmosphäre geschaffen, in der es sich beschützt fühlt, während es gleichzeitig das Gefühl entwickelt: Meine Eltern sind toll; die wissen, wie man es sich schön macht.

Kinder brauchen jede Menge Liebe, das kann man nicht oft genug sagen. Nur reicht es eben nicht, wenn sich dieses »Kinder brauchen Liebe« ausschließlich auf die Liebe der Eltern zum Kind konzentriert. Kinder lernen, was ein liebevolles Leben ist, wenn sie in einer Atmosphäre aufwachsen, in der es Liebe gibt! Das heißt selbstverständlich: von Mutter und Vater geliebt zu werden. Es heißt aber auch: die Eltern lieben sich gegenseitig. Es heißt außerdem: Vater und Mutter haben beide Menschen, Aufgaben, Ideen, die sie außerhalb der Beziehung »lieben«. Unterm Strich heißt es nichts weiter als: Vater und Mutter lieben das Leben, das sie führen und zu dem jetzt das Kind gehört – jedenfalls für die nächsten, sagen wir, 18, 19, 20 Jahre.

Damit wären wir bei einer weiteren, wichtigen Einzelheit des Auftrages im Elternzimmer. Es ist nämlich ein Auftrag auf Zeit. Wenn das Ziel, die volle Selbständigkeit der Kinder, erreicht ist, geben die Eltern ihn zurück – »jetzt kannst du dich selbst und die Menschen, die du liebst, beschützen; jetzt habe ich dir alles gezeigt vom Leben, was ich weiß; jetzt kann ich dir mit gutem Gewissen die Freiheit geben, selbst für dich verantwortlich zu sein.« Sie können sich dann wieder, entbunden von der Verantwortung, intensiv dem eigenen Leben zuwenden.

Die meisten von uns haben andere Erfahrungen gemacht mit ihrer Beziehung zu den Eltern. Da ist die 35jährige, die ein quälend schlechtes Gewissen hat, wenn sie Silvester einmal nicht mit der inzwischen verwitweten Mutter verbringen will. Da ist der 30jährige, der jedem erzählt, daß seine Eltern seine besten Kumpels seien, und der die Probleme, die er immer wieder mit seinen Freundinnen hat, als erstem seinem Vater erzählt, um die Beziehungen dann jeweils sehr schnell zu beenden. Und da ist schließlich die mit Sicherheit hunderttausenden von Töchtern und Söhnen nur zu vertraute Stimmlage der Mutter am Telefon, wenn sie auf die Frage, was sie denn so treibe, ersterbend haucht: »Ach, Kind, was soll ich denn schon machen …«

So ganz scheint es also mit der Rückgabe der Elternaufgabe nicht zu klappen – und so ganz wohl auch nicht mit der kompletten Erfüllung dieser Aufgabe – besonders der Sache mit dem »Mach mich zu einem selbständigen Menschen.« Nun ist man mit Schuldzuweisungen immer schnell bei der Hand. Die Eltern sind schuld, weil sie ihre Kinder nicht gehen lassen. Oder die Kinder sind schuld, weil sie es nicht schaffen, sich zu lösen. Doch das stimmt so nicht. Wer jemals eine Familiensituation erlebt hat, in der Eltern und Kinder auf Lebenszeit mit emotionalen Stricken aneinander gefesselt scheinen, der weiß um die ungeheure Macht – eine Macht, die alle Beteiligten bindet. Die 70jährige Mutter, die immer noch von ihren Kindern erwartet, daß sie ihr das Leben bereichern, kann sich nicht lösen. Sie kann auch die Chance nicht nutzen, sich jetzt, endlich, abzunabeln und vielleicht zum ersten Mal zu entdecken, wer sie ist, und was ihr wirklich Spaß macht. Das »erwachsene« Kind, das sich für das Lebensglück seiner Eltern verantwortlich fühlt, muß sich immerzu verzweifelt bemühen, etwas für dieses Glück zu tun, und sich pausenlos quälen, weil es eigentlich nicht genug tut. Es kann (und muß) dabei nicht wirklich erwachsen werden, sich nicht der Härte stellen, allein für sich verantwortlich zu sein.

Wir haben diesen Einschub mit der Markette »So etwa vierzig Jahre später« eingefügt, obwohl wir gerade erst dabei waren, das Elternzimmer einzurichten – und das natürlich nicht ganz ohne Hintergedanken. Wir treffen hier nämlich auf einen der spannendsten Zusammenhänge in Familien. Schwierige Konstellationen auf Lebenszeit, wie wir sie gerade gestreift haben, entwickeln sich nicht zufällig, und sie entwickeln sich auch nicht in der Art, daß sich Mutter oder Vater eines schönen Tages hinsetzen und sagen: »Das ist es überhaupt, wir streichen die Sache mit der Selbständigkeit aus dem Eltern-Arbeitsvertrag; dann haben wir jemanden, der sich im Alter um unseren Spaß am Leben kümmert.« Familienbande, die Menschen zufrieden und glücklich machen, und Familienbande, an denen Menschen noch vierzig Jahre später zu kauen haben, entwickeln sich leise, ungewollt – ja: unbewußt. Die ersten Fäden sind bereits verknüpft, bevor überhaupt ein Baby geboren wird; sie werden im

Paarzimmer gesponnen, und bevor man richtig merkt, was eigentlich passiert, ist das Kind schon eingebunden in das Webmuster, das man da zu zweit entworfen hat.

Hallo, hier spricht Dennis ...

»... ich kann im Moment nicht ans Telefon kommen, weil ich mit Mutti und Vati unterwegs bin. Wenn wir zurückkommen, erzähle ich gleich, daß jemand angerufen hat, bestimmt.« Während Tobias auf den Piepton am Ende der Ansage wartete, stellte er wieder einmal fest, daß er sich immer noch über den Spruch ärgerte. Elke hatte ihn sich ein paar Wochen nach Dennis' Geburt ausgedacht. Tobias war dagegen – »na hör mal, wenn da ein offizieller Anruf kommt, findest du das nicht reichlich albern?« Elke hatte nur gesagt: »Oh Gott, wie konnte ich das nur vergessen. Dieser dramatische Abend damals, als dein Chef seinen Büroschlüssel verloren hatte ...« Damit war die Entscheidung gefallen. Der Anrufbeantworter wurde von Elke neu besprochen.

Sie würde wohl mit dem Kleinen rausgegangen sein bei dem schönen Wetter, dachte Tobias, während er seine Nachricht hinterließ: »He, Elke, ich bin's, ich hab' das Geschenk für Peter besorgt, mußt dich nicht mehr drum kümmern ...« Er wollte schon auflegen, fügte dann leise hinzu: »Ich freue mich auf heute Abend ...«

Heute war ein besonderer Tag. Seit es Dennis gab waren er und seine Frau nur ein einziges Mal zusammen ausgewesen – an Tobias' Geburtstag; und Elke war dreimal ans Telefon gerannt, um sich bei ihrer Schwester, die Babysitter spielte, nach Dennis zu erkundigen. »Ich fühle mich ganz krank, wenn ich nicht weiß, wie es ihm geht«, sagte sie.

Jetzt war Dennis immerhin schon ein Jahr alt, und Tobias hatte tagelang auf Elke eingeredet, daß sie heute abend mitkommen sollte zur Abschiedsparty seines besten Freundes. Ihre Schwester würde bestimmt gut auf den Kleinen aufpassen. Schließlich meinte Elke entnervt: »Okay, okay, dann komm' ich halt mit!«

Auf der Heimfahrt summte Tobias jeden Hit im Autoradio mit. »Woman in Red« – »noch nie hast du so schön ausgesehen wie heute abend ...« Ja, es würde bestimmt ein toller Abend werden. Sie würden tanzen, was trinken … Sie hatten auch nur ein einziges Mal miteinander geschlafen, seit Dennis da war, dachte Tobias, als er die Wohnungstür aufschloß. An seinem Geburtstag. Und Tobias hatte ein ganz komisches Gefühl dabei. Er wollte es doch nicht als Geschenk …

Elke hockte mit Dennis auf dem Fußboden und spielte mit Holzklötzen. Der Kleine gluckste, als sein Vater in der Tür auftauchte. »Hallo, mein Sohn«, sagte Tobias, nahm das Kind auf und hielt es hoch über seinen Kopf; Dennis liebte das Spiel. Mit einem Lächeln sagte er zu Elke: »Ist deine Schwester noch nicht da? Wir sollen so gegen acht bei Peter sein …«

Elke sprang mit einem Satz auf und nahm Tobias das Kind aus den Armen. »Um Himmels Willen, sei vorsichtig«, sagte sie und setzte Dennis wieder auf den Boden. »Dennis hat irgendwas, ich glaube Bauchweh. Er war den ganzen Nachmittag unruhig.« Tobias fühlte dem Kind die Stirn. »Fieber hat er aber nicht …«, meinte er erleichtert. »Du weißt doch, wie schnell das bei ihm geht«, sagte Elke besorgt. »Ich habe Marion schon angerufen und ihr gesagt, daß sie nicht kommen muß.«

Tobias hatte das Gefühl, in kaltes Wasser zu fallen. »Soll das heißen, der Abend fällt flach?« fragte er, es klang schärfer, als er eigentlich wollte. Elke starrte ihn an, völlig überrascht. »Hör mal, ich geh' doch nicht weg, wenn Dennis krank ist.« Tobias atmete erstmal tief durch. »Aber er sieht doch ganz munter aus.« Elke lachte ungläubig. »Du warst ja auch nicht dabei, als er vorhin so schrecklich geweint hat.« Er fuhr sich mit der Hand durchs Haar. »Ich ruf' Peter an und sag', daß wir später kommen. Wir bleiben hier, bis Dennis eingeschlafen …«

Elke unterbrach ihn: »Du erwartest allen Ernstes von mir, daß ich ausgehen soll, während Dennis …« Sie schüttelte langsam den Kopf. »Du würdest dich wirklich amüsieren können, nicht wahr? Dann geh doch allein hin. Um dein Kind machst du dir ja wohl keine großen Sorgen …« Tobias konnte es nicht mehr zurückhalten. »Das Kind, das Kind. Das Kind hat doch gar nichts. Findest du nicht, daß du ein bißchen übertreibst?«

Es tat ihm in der gleichen Sekunde leid. Doch bevor er noch etwas sagen konnte, fing Dennis an zu weinen. Elke nahm ihn hoch, murmelte leise: »Mein Kleiner, ist ja alles gut. Wir legen dich jetzt in Mamas Bett, und dann machen wir einen warmen Wickel für deinen Bauch ...« Sie warf Tobias einen vorwurfsvollen Blick zu. »Das hast du ja prima hingekriegt. Der Kleine weint wieder. Und ich habe eine Stunde gebraucht, um ihn zu beruhigen ...«

Ein einjähriges Kind ist für seine Eltern Streß. Ein einjähriges Kind kann einem ganz schön einen Strich durch die Rechnung machen. Nun gibt es aber offensichtlich, wenn man sich mal etwas umschaut unter Paaren mit Nachwuchs, Kinder, die »anstrengend« sind und ihren Eltern dauernd die Pläne durchkreuzen. Und es gibt Kinder, die »pflegeleicht« sind.

Da sind zum Beispiel die A.'s, die ganz und gar nicht nachvollziehen können, wieso andere Eltern soviel Probleme mit der Organisation von Ausgeh-Abenden haben – sie sind stolz darauf, daß sie ihre kleine Tochter überall mit hinnehmen können; die Kleine schläft einfach im größten Partytrubel. Die Eltern vom kleinen B. lassen sich zwar nicht gleich den ganzen Abend vermiesen; sie kommen aber regelmäßig zu Verabredungen zwei Stunden zu spät, völlig fertig mit den Nerven, weil es mal wieder so ein Kampf war, den Jungen ins Bett zu kriegen. Paar C. nimmt Einladungen gar nicht mehr an, seit das Kind da ist. Man will das Mädchen nicht allein lassen; und mitnehmen will man es selbstverständlich auch nicht, auf Partys ist es viel zu laut und hektisch; darum laden die beiden ja im Moment auch niemanden mehr zu sich nach Hause ein, bis das Kind größer ist. Ach ja – auf Elke und Tobias wartet man natürlich wieder mal vergeblich. Irgendwann ruft Tobias an und sagt, man käme jetzt doch nicht, weil Dennis krank geworden sei.

Wenn man ein Kind der Kategorie »anstrengend, empfindlich, problematisch« hat, dann schielt man gelegentlich neidvoll zu Eltern, deren Kind offensichtlich zur Kategorie »pflegeleicht, robust, problemlos« gehört. Um dann immer wieder auf den Punkt zurückzukommen: Man hat eben ein Kind, das einem mehr abfordert als andere Kinder; aber so ist das nun mal, wenn man Mutter und Vater geworden ist.

Wie man es auch dreht und wendet, landet man mit dieser Betrachtungsweise jedesmal wieder bei dieser unumstößlichen Tatsache. Vater und Mutter können nicht zusammen auf die Party gehen, weil *Das Kind* unruhig ist. Mutter und Vater gehen selbstverständlich zusammen auf die Party, weil *Das Kind* pflegeleicht ist. Wenn man (s)eine Familie aus diesem Blickwinkel sieht, steht immer *Das Kind* im Zentrum; jede Situation, ob man sich wohl darin fühlt oder nicht, ist so, weil *Das Kind* jetzt da ist, und so oder so ist – und das kann man schließlich nicht ändern.

Wenn man sich nicht wohl fühlt in einer Situation, fängt man in der Regel an, nach Schuldigen zu suchen. Keine Mutter, kein Vater gibt einem Kind bewußt die Schuld – da kommen eher Gedanken wie »Wenn dieses Kind anders wäre, wenn es nicht soviel weinen würde, nicht so anstrengend wäre, dann …« Darum suchen die Eltern die Schuld bei sich (Habe ich was falsch gemacht mit dem Kind?) – oder, häufiger noch, beim Partner. Aus Elkes Sicht ist Tobias schuld an der angespannten Atmosphäre dieses Abends, weil er wieder mal kein Verständnis für ihre Sorgen um Dennis hat. Aus Tobias' Sicht ist Elke schuld, weil sie ihre Sorgen um das Kind übertreibt; und ein wenig fühlt er sich auch selbst schuldig, weil er vielleicht wirklich zu sorglos mit ihm umgeht.

Damit sind wir mittendrin im ganz normalen Familienwahnsinn – und an einer wichtigen Stelle unserer Überlegungen. Wir möchten nämlich dazu anregen, aus einer anderen Sichtweise darüber nachzudenken, wie sich Situationen in Familien entwickeln. Aus dieser Sichtweise gibt es keine Schuldigen und daher auch kein »Dieses Verhalten ist richtig« oder »Jenes Verhalten ist falsch.« Aus dieser Sichtweise geht es nicht darum, ob Elke sich nun zuviele Sorgen um Dennis macht, oder Tobias zu wenig Verständnis dafür hat, oder Dennis ein Kind ist, das besonders viel oder besonders wenig Aufmerksamkeit braucht. Die spannende Frage, die sich aus dieser Sichtweise stellt, ist: »Welche Rädchen greifen da ineinander, daß in einer Familie genau dieser Ablauf ›Kind weint / Mutter ist besorgt / Vater genervt / beide bleiben stinksauer zu Hause‹ entstanden ist – und kein anderer?«

Fangen wir da an, wo alle Überlegungen immer wieder enden; bei dem Kind – und dem Platz, den es in einer Familie einnimmt. Wobei Platz nicht (nur) räumlich gemeint ist. Es ist vielmehr in dem Sinne gemeint: »Welchen Stellenwert hat dieses Kind? Welche Bedeutung hat es in den Gedanken, den Gefühlen von Mutter und Vater? Welchen Einfluß hat es auf ganz praktische, ganz alltägliche Abläufe?« Dennis zum Beispiel ist ein Kind, das großen Einfluß hat, denn seine Eltern bleiben ja »wegen ihm« zu Hause. Sie sind, ebenfalls »wegen ihm«, sauer aufeinander. Die Tochter von A.'s ist ein Kind, das relativ wenig Einfluß auf den Ablauf seiner Eltern hat, denn die müssen »wegen ihr« nicht zu Hause bleiben.

Für Elke und Tobias wie für die A.'s ist ihr Umgang mit dem Kind völlig normal. Es ist normal, daß ein Kind verhindern kann, daß man ausgeht. Es ist normal, daß ein Kind sich durchaus anpassen kann an den Lebensrhythmus seiner Eltern. Doch woran macht man nun fest, was »normal« in Familien ist? An der Belastbarkeit – oder Nicht-Belastbarkeit – eines Kindes? Daran, ob es dem Kind Spaß macht, mit den Eltern auszugehen, oder ob es ihm keinen Spaß macht, mit Babysitter zu Hause zu bleiben? Uns ist klar, daß viele Leser diese Fragen wahrscheinlich mit einem Achselzucken abtun. »Natürlich macht es meinem Kind keinen Spaß, mit Babysitter zu Hause zu bleiben ...« Darum nimmt man es ja zum Beispiel mit. Oder: darum bleibt man ja selber bei ihm zu Hause – und ist dabei ganz sicher, daß man das einzig richtige, ja eigentlich das einzig mögliche tut. Nur – genau das stimmt nicht. Etwas ketzerisch formuliert: Was man im Umgang mit einem Kind als »ist doch ganz normal« empfindet, erscheint einem darum so normal, weil man ein bestimmtes Bild davon entworfen hat, was dieses Kind braucht und will.

Es gibt nirgendwo so etwas wie ein Familien-Naturgesetz, das besagt, wenn ein Kind da ist, dann müssen Eltern sich, sozusagen »naturgegeben«, in einer ganz bestimmten Weise verhalten. Ob ein Paar mit einem weinenden Kind zu Hause bleibt und sich gegenseitig Vorwürfe macht, ob ein Paar den Nachwuchs zu beruhigen versucht, um dann doch noch auszugehen, oder ob ein Paar das Kind von vornherein mitnimmt, hat gar nichts mit unvermeidlichen, folgerichtigen Sachzwängen zu tun. Wie sich der gemeinsame Alltag einspielt, ist vielmehr typisch für eine ganz bestimmte »Choreographie« in einer Familie. Und es ist nicht *Das Kind*, das festlegt, nach welcher Melodie getanzt wird.

Ein Kind, das neu auf diese Welt kommt, ist schutzbedürftig und hilflos. Es ist auf die Erwachsenen angewiesen – und das voll und ganz. Es kann ja noch nicht sagen: »Geh nicht weg, ich brauche dich jetzt.« Es kann auch noch nicht sagen: »Nu' is' mal gut, laß mich bitte mal 'ne halbe Stunde in Frieden«. Was ein kleines Kind will, und was es braucht, ist also, etwas flapsig ausgedrückt, zum großen Teil eine Frage davon, wie seine Eltern die Situation interpretieren. Wieviel Platz ein Kind tatsächlich bekommt, kann folglich eigentlich gar nicht soviel zu tun haben mit seinen objektiven oder subjektiven Bedürfnissen. Es hat vielmehr damit zu tun, wieviel ihm von Mutter und Vater eingeräumt wird.

Ein neugeborenes Baby nimmt ganz automatisch erstmal ganz viel Platz ein; das geht auch nicht anders. Es schläft nicht durch; es muß alle paar Stunden gewickelt werden; es muß alle paar Stunden gestillt werden; es erscheint selbstverständlich als das faszinierendste Wesen, das einem jemals begegnet ist. Doch nach ein paar Monaten schlägt das Pendel langsam wieder zurück. Irgendwann schläft der Sprößling das erste Mal durch; irgendwann muß er/sie nicht mehr gestillt werden; irgendwann hat man Routine beim Wickeln und Füttern. Aus dem Ausnahmezustand »Baby an Bord« wird nach und nach ein Normalzustand. In diesem Normalzustand haben sich ganz bestimmte Abläufe eingespielt, und in diesem Normalzustand beginnen Mutter, Vater und Kind damit, sich in einer ganz bestimmten Weise miteinander zu arrangieren.

Mal angenommen, ein Top-Fotograf würde den Auftrag kriegen, eine Porträtstudie von einer jungen Familie zu machen – ein ehrliches Foto, das eine typische Alltagssituation von Mutter/Vater/Kind zeigt. Den Normalzustand eben, und kein Sonntags-Nachmittags-Wir-Lieben-Uns-Alle-Foto. Dann würde er sich diesen Alltag erstmal ein paar Tage lang angucken und auf ganz simple Dinge achten, wie: Wer schaut wen in dieser Familie wie oft an? Wie oft berührt wer wen? Wieviel hat die Mutter, wieviel hat der Vater ganz praktisch mit dem Kind zu tun? Wer hat es auf dem Arm? Zu wem läuft es hin? Und wieviel haben Mutter und Vater eigentlich noch miteinander zu tun?

Und dann liegt der Schnappschuß fertig auf dem Tisch, ein Symbol für den gemeinsamen Alltag dreier Menschen. Zum Beispiel: Sie und er in inniger Umarmung, Kind zwischen sich. Oder: Er mit Kind auf dem Arm beugt sich zu Ihr, die am Computer sitzt. Oder: Beide Eltern unscharf, weil im Sprung auf das Kind, das gerade die Stereoanlage entdeckt hat. Oder: Er mit Kind beim Spielen auf dem Teppich, sie im Hintergrund mit Wäschekorb. Oder: Sie küßt dem Kind beim Wickeln liebevoll den Bauch, ihn sieht man im Hintergrund durch die geöffnete Tür vor dem Fernseher sitzen ...

Wir haben vorhin von der »Melodie« gesprochen, nach der in einer Familie getanzt wird. Diese Melodie erzählt, wer wem wie nah ist; sie erzählt auch, welche Gefühle Mutter/Vater/Kind miteinander verbinden. Die ersten Akkorde klingen schon beim Umgang mit einem neugeborenen Winzling an, zum Beispiel darin, ob er und sie sich die Arbeit mit dem Kind teilen, beide also gleichermaßen körperlichen Kontakt zu ihm haben. Wenn das Kind ein, zwei Jahre alt ist und seine Eltern ihren ganz eigenen, ganz typischen »Normalzustand« entwickelt haben, wie sie mit diesem Kind umgehen, kann man schon deutlich heraushören, in welche Richtung sich die »Familienmelodie« entwickelt – sanft und harmonisch; dramatisch; mit Dissonanzen. Das Kind spielt dabei eben nicht die erste Geige. Es ist ja schließlich nicht der Sprößling, der zu seinen Eltern sagt: »Küßt euch, Kinder, ich guck' euch so gern dabei zu.« Oder: »Mutter wickelt mich jetzt, Vater geht fernsehen.« Das Leitmotiv geben immer die Eltern vor. Genauer gesagt: ihre Beziehung zueinander.

Um nochmal an die Idealausstattung des »Familienhauses« zu erinnern: Sie und Er haben sich da im »Paarzimmer« zusammengerauft und sich eine gute, tragfähige Beziehungsbasis erkämpft. Sie können sich gegenseitig nähren und schützen; sie wissen, was sie aneinander haben, und was sie voneinander wollen; als »erwachsene« Menschen haben sie auch die durchaus schmerzhafte Erfahrung gemacht, daß man sich gegenseitig nicht alles geben kann, was man sich mal erträumt hat. Mit diesen gesammelten Erfahrungen kann das Paar das Elternzimmer einrichten als Erweiterung dieser Beziehung, als Ort, an dem man neue Erfahrungen miteinander macht, sich gegenseitig von einer weiteren, bisher unbekannten Seite kennenlernt.

Was dabei immer klar abgegrenzt ist: Im Elternzimmer hat man die Verantwortung für eine menschliche Nachwuchskraft, der man eine Ausbildungsstelle einrichtet. Man legt gemeinsam einen Lehrplan fest, verteilt die Aufgaben untereinander – alles im Hinblick auf den Elternjob »das Kind schützen / dem Kind zeigen, wie man lebt«. Wenn man nun zum Beispiel das Gefühl hat, man selbst müsse einen größeren Beitrag an diesem Auftrag erledigen als der Partner/die Partnerin, oder wenn man meint, er/sie fasse den Job zu lax oder übertrieben wichtig auf – dann sind das Themen, die im Paarzimmer diskutiert werden müssen. Mit dem Kind haben sie nämlich nur indirekt zu tun. Es geht dabei um Erfahrungen, die man als Partner miteinander macht – und man muß auch untereinander klären, wenn einem diese Erfahrungen nicht gefallen.

Zu klären gibt es da wirklich genug. Jedes Paar steht vor der Aufgabe, sich im gleichen Maße, wie »Baby an Bord« ein Normalzustand wird, stückweise wieder den Normalzustand »Wir sind jetzt zwar Mutti und Vati – aber wir sind immer noch ein Paar« zurückzuerobern. Um die Auseinandersetzung darüber, daß nicht mehr alles genauso wie früher ist, kommt da niemand herum. Da ist die Verantwortung, die man nicht mehr zurückgeben kann. Beide haben nicht mehr soviel Freiheit wie vorher. Vieles geht einfach nicht mehr so spontan – vom simplen gemeinsamen Kneipenabend bis zur Überlegung, ob man einen Job wirklich weitermachen will, muß man jetzt das Baby auf der Rechnung haben.

Da ist aber auch die Veränderung, die sich durch die Geburt in den Gefühlen von beiden abgespielt hat. Ein Baby schluckt viel an Kraft, an Begeisterungsfähigkeit, an Liebe. Lust ist ein empfindliches Pflänzchen. Viele Frauen haben nach dem Erlebnis der Geburt erstmal keine Lust auf Sex. Viele Männer haben Schwierigkeiten damit, die Frau, die da ihr Kind geboren hat, wieder als Geliebte zu sehen. Es geht um Angst und um Eifersucht, um Gefühle von ausgeschlossen sein und aufgesogen werden, überfordert von einer Situation, die man nicht ändern kann. Eine Achterbahnfahrt, auf der man sich in einer starken Beziehung nicht nur aneinander reiben, sondern auch aneinander festhalten kann.

Nun haben wir bei der Besichtigung des Paarzimmers erlebt, wie schwierig es in einer Beziehung ist, sich auf einer starken, erwachsenen Basis zusammenzuraufen. Wir haben die Spiele gesehen, mit denen zwei Menschen versuchen, unangenehme Themen zu umgehen – aus Hilflosigkeit, Unerfahrenheit, auch aus Angst. Was nun durchaus nicht ungewöhnlich ist, sondern häufig vorkommt: daß ein Paar ein Kind kriegt, lange bevor es auch nur annähernd mit dem Ausbau seines »Paarzimmers« fertig ist. Und dann wird es sehr schwer, den Gefühlsaufruhr des »Ein Kind ist da« zu trennen von dem Wirrwarr der unterschwelligen Gefühle, die mit der Partnerschaft ohnehin schon verbunden sind.

Enttäuschte Hoffnungen. Sehnsucht nach Nähe und Geborgenheit, die man in der Partnerschaft nicht so richtig finden kann. Unterdrückte Wut. Der hilflose Wunsch, es Ihm/Ihr irgendwie heimzuzahlen. Was auch immer im Untergrund der Beziehung lauerte – es ist nicht plötzlich alles gut, »bloß« weil jetzt ein Kind in die Zweisamkeit gekommen ist. Das Kind ist allerdings, rein praktisch, eine Ablenkung von dem, was zwischen Ihm und Ihr läuft. Und: Dadurch, daß jetzt ein drittes Wesen im Spiel ist und somit eine neue Möglichkeit, sich mit jemandem zu verbünden, gibt es eine neue Gelegenheit, all die aufgestauten Gefühle zu kanalisieren.

Das heißt nichts weiter als: Das Kind wird in die unausgegorene Situation zwischen Mutter und Vater automatisch hineingezogen, denn Mutter und Vater sind miteinander nicht so klar, daß sie auch ihr Verhältnis zu dem Kind klar abstecken könnten. Das bedeutet wiederum, daß auch die Unterscheidung zwischen Paar- und Elternzimmer, und somit zwischen »das hier ist unser Kram, den wir regeln müssen« und »da ist das Kind, das auf die Fürsorge und den Schutz von uns Erwachsenen angewiesen ist« nicht so ganz klar ist.

Etwas ketzerisch formuliert: Wenn »Kinder« Kinder kriegen, dann wird der menschliche Nachwuchs genau da eingesetzt, wo die Eltern selbst noch Nachhilfeunterricht in Sachen »Erwachsenwerden« brauchen. Um abzulenken von der Sprachlosigkeit, dem Leeregefühl in ihrer Beziehung. Um Mutter oder Vater Wärme und Geborgenheit zu geben. Um sich endlich über ein Thema streiten zu können ohne sich über die wirklichen Themen streiten zu müssen. Um Ihm/Ihr klarzumachen: Du kannst jetzt nicht gehen, da ist doch das Kind. Um Ihm/Ihr endlich ein richtig schlechtes Gewissen machen zu können.

"Siehst du, was du jetzt geschafft hast? Dennis weint wieder. Und ich habe eine Stunde gebraucht, um ihn zu beruhigen«, sagt Elke zu Tobias und trifft ihn damit voll ins Herz. Tobias fühlt sich mies, weil er tatsächlich auf dieses schwache, hilflose Wesen, das sein Sohn ist, eifersüchtig war. Die beiden spielen ein Spiel, das wir bereits schon mal miterlebt haben im vorigen Kapitel bei Karin und Thomas. Es ist das »Immer-ich-und-du-bist-schuld"-Spiel. Nur daß das Gift, das sich dabei unter der Oberfläche ablagert, sogar noch etwas ätzender geworden ist, denn es geht bei diesem Spiel ja jetzt um *Das Kind.*

Wir haben gut reden, denn wir stehen außen und schauen den beiden oder besser den dreien zu. Mit diesem Abstand ist es immer relativ leicht, Grundmuster bei dem zu erkennen, was eine Familie miteinander macht. Wenn man drinsteckt in einer Situation, sieht man meistens gar nichts. Elke und Tobias merken nur, daß irgend etwas in dieser Familie, die sie zusammen gegründet haben, irgend etwas im Zusammenleben mit diesem Kind nicht so ist, wie sie beide es sich vorgestellt hatten. Dadurch, daß ihr Leben jetzt mit dem Kind so eng verbunden ist, sind die Gefühle von Machtlosigkeit, von himmelschreiender Enttäuschung höchstens noch größer als vorher, als sie noch zu zweit miteinander fertigwerden mußten. Bei Elke fühlt sich das an wie »Jetzt habe ich dieses Kind, und ich bin so wahnsinnig glücklich damit, und du, mein Partner, zerstörst das, was so schön ist, mit deinem Unverständnis.« Bei Thomas rumort es »Ich würde so gern nah bei dir sein, doch du hast dein Bündnis mit dem Kind, und nimmst es mir damit auch noch weg …«

Es geht dabei eigentlich überhaupt nicht um das Kind. Doch beide empfinden es so; auf eine vertrackte Weise wird *Das Kind* zu einer Erklärung für die Spannungen, die sie spüren. Während, genauso vertrackt, diese Spannungen noch um eine Schraubenwindung weiter angezogen scheinen. Denn wenn es um *Das Kind* geht – wie kann man da etwas ändern? Es ist nun mal da, und, natürlich, es ist so, wie es ist …

Dennis zum Beispiel ist ein Kind, das weint. Praktischerweise weint er in unserer Szene genau an der richtigen Stelle. Weil er Bauchweh hat? Wir haben vorher schon gesagt, daß Kinder Stimmungen ihrer Eltern geradezu aufsaugen. Und: Kinder versuchen instinktiv, sich dieser Stimmung anzupassen, darauf zu reagieren.

Jedes Kind entwickelt dabei bestimmte Verhaltensweisen, mit denen es genau so reagiert, wie seine Eltern es erwarten. Besser gesagt: Was sie ihm unterschwellig an Erwartungen signalisieren. Denn ein Kind spürt auch die Gefühle bei seinen Eltern, die ihnen überhaupt nicht bewußt sind. Es spürt, wenn Mutter und Vater mit sich und untereinander klar sind. Es spürt aber auch das, was unterschwellig rumort, wenn bei den Eltern eben nicht diese »erwachsene« Klarheit herrscht. »Schützt mich«, heißt auch: »Haltet mich raus aus euren Problemen.« Das geht aber, so simpel es klingt, nur, wenn die Eltern erkennen, was das denn genau für Probleme sind, aus denen sie das Kind raushalten sollen.

Wir reden hier, wieder einmal, von den echten Gefühlen der Eltern, auch wenn die ganz tief auf den Boden des Bewußtseins abgesunken sind – und nicht um eine »Alles in Ordnung, Kleines«-Show, mit der man versucht, dem Kind was Gutes zu tun. Man kann ein Kind nur aus den Konflikten einer Beziehung raushalten, wenn man diese Konflikte in der Beziehung miteinander klärt. Wenn man das nicht tut, dann wächst es in diese

Konfliktlage hinein wie das fehlende Teil eines Puzzles. Mehr noch: Es wird ganz automatisch zu einem Rädchen im Getriebe dieses Konfliktes, kriegt darin irgendeine Aufgabe.

Dennis hat mal gerade gelernt, daß man nicht nur rückwärts, sondern auch vorwärts krabbeln kann. Und doch spürt er bereits instinktiv, daß er Dreh- und Angelpunkt der unterschwelligen Vorwürfe und unausgesprochenen Schuldzuweisungen zwischen seinen Eltern ist. Er erfüllt seine Rädchen-im-Getriebe-Funktion schon ganz wacker. Dennis, so haben wir erfahren, ist ein Kind, das die ganze Liebe und Sorge seiner Mutter hat; oder vielmehr – das die ganze Liebe und Besorgnis auch braucht, weil er empfindlich und sensibel ist (»du weißt doch, wie schnell der Kleine Fieber kriegt ...«). Und damit ist er ein Spielsteinchen im Immer-ich-und-du-bist-schuld-Spiel seiner Eltern geworden. Er ist auf Seiten der Mutter ins Geschehen voll mit einbezogen. Dennis hat geholfen, den Vater von seinem Anrufbeantworter zu vertreiben. Er bestätigt Mutters unterschwellige Vorwürfe, indem er nach Kräften weint. Das Weinen gibt ihm freie Bahn hinein ins elterliche Bett – wodurch er tatkräftig dafür sorgt, daß Mama und Papa sich auch im Schlafzimmer bloß nicht zu nahe kommen müssen ...

Uns ist klar, daß diese Erklärungen vermutlich ziemlich einfach klingen. Das Faszinierende an der Sichtweise auf Familienzusammenhänge, die wir in diesem Buch vermitteln möchten, ist: Was auch immer in einer Familie passiert, es passiert tatsächlich nach einem ganz einfachen Muster. Aus dem »traditionellen« Blickwinkel, den wir alle gewohnt sind, sieht man vor allem den einzelnen – und bei dem bemerkt man dann irgendwann einen Charakterzug, eine Angewohnheit, eine Verhaltensweise, die einem merkwürdig vorkommt. »Au weia, das Kind von Fred und Sanna wird aber ein richtiger kleiner Teufel!« »Hast du neulich mitgekriegt, wie Lore den Klaus niederbügelt, wenn der irgendeine Meinung zur Erziehung seiner Tochter äußert? Aber hallo, sag ich nur ...« Was immer man als irritierend, als unverständlich, ja, als deutlich ungut empfindet, bekommt plötzlich einen Sinn, wenn man sich die ganze Familienbande anguckt, und plötzlich erscheint einem die Sache gar nicht mehr als so unverständlich, sondern als naheliegendster und selbstverständlichster Zusammenhang der Welt.

Auch in der eigenen Familie schaut man immer wie gebannt auf die Entwicklungen, die man nicht verstehen kann. Und wenn es um die eigene Familie geht, kann man sich nicht entspannt zurücklehnen und sagen, »das ist aber seltsam, was die da miteinander machen«. Je länger man etwas nicht verstehen kann, je belastender man eine Situation erlebt, desto schicksalhafter fühlt man sich gefangen. Wir haben Elke und Tobias hier so ausführlich vorgestellt, weil sie ein Paar sind wie Tausende von Paaren, die ein Kind bekommen. Ein »ganz normales« junges Paar, das »ganz normale« Probleme hat. Die Situation, in der wir sie kennengelernt haben, empfinden beide nicht als schön. Aber auch (noch) nicht als unerträglich. Wenn sie jetzt erkennen würden, daß die »Probleme«, die sie mit Dennis haben, eigentlich Probleme sind, die sie miteinander haben, wäre der Bann gebrochen. Sie hätten die Chance, endlich ihr Paarzimmer fertig zu werkeln; sie würden es, zu Gunsten ihres Kindes und ihrer Beziehung, deutlich trennen vom Elternzimmer.

Doch vielen Paaren gelingt es nicht, ihre Verwicklungen so früh zu durchbrechen. Statt dessen richten sie sich in der Situation, mit der sie glauben, nun mal leben zu müssen, so gut wie möglich ein. Wir alle kennen die unglaubliche Erleichterung, wenn man um eine Konfliktsituation, vor der man Angst hatte, herumgekommen ist. Wir alle kennen die fast hypnotische Beschwörungskraft, mit der man versucht, sich und anderen vorzumachen, es sei alles in Ordnung so, wie es nun mal ist. Auch im Zusammenspiel einer Familie greifen Rädchen ineinander, die ausgerichtet sind auf die Losung »Alles in Butter, einfach weitermachen ...«. Das Fatale und nur allzu Menschliche daran: Man gewöhnt sich an alles – solange man irgendwo noch einen Vorteil entdeckt, eine Nische findet, in der die Lage einen erträglichen Aspekt hat. Die Grundkonstellation »Zwischen Mutter und Vater tut es weh – Kind ist das Schmerzmittel« kann über Jahre hinweg funktionieren, ohne daß irgend jemand in der Familie sichtbar daran Schaden nimmt. Doch das ist immer nur ein Scheinfrieden; die Familienwelt ist nur an der Oberfläche heil. Solange die Eltern ihr »Immer-ich-und-du-bist-Schuld«-Problem nicht wirklich lösen, wachsen die Verletzungen darunter tiefer und tiefer ein.

Schauen wir ein letztes Mal bei Elke und Tobias vorbei, und nehmen wir mal an, auch dieses Paar schluckt die Irritationen, die wir miterlebt haben, runter. Elke fühlt sich ausgefüllt wie niemals zuvor, weil sie jetzt Dennis hat; sie kauft mit Feuereifer Bücher über kindliche Entwicklung. Tobias ist weiterhin außen vor. Doch das bringt für ihn ja auch einen »Vorteil«. Er hat Freiräume, die er seinerseits zu füllen beginnt – wenn nicht mit Frau und Kind, dann eben zum Beispiel mit »Job«.

Tobias macht Karriere; was nun schon wieder einen Pluspunkt für die Familie bringt – mehr Geld. Man zieht in eine größere Wohnung, man zieht in ein Haus mit Garten. Elke organisiert die tollsten Kindergeburtstage, darüber sind sich alle einig. Elke organisiert den Widerstand gegen eine Durchgangsstraße, die direkt neben dem Spielplatz gebaut werden soll. Elke organisiert den Kampf gegen eine Schulfibel mit frauendiskriminierendem Inhalt. Dennis hat so eine tolle Mutter, sagen alle voller Bewunderung. Dennis hat so eine tolle Familie. Warum nur treibt dieses Kind seine Lehrerin an den Rand des Nervenzusammenbruchs?

Es gibt so etwas wie einen Hexensud, der eine Familie zu einer tollen Familie werden läßt, in der es allen gut geht. Ein Hexensud, der hilft, Wunden zu heilen, Niederlagen und Rückschläge zu überwinden, auch die schwierigste Situation zusammen durchzustehen. Dieser Hexensud besteht aus Lachen, aus Leichtigkeit, aus Offenheit. Aus der Möglichkeit, sich zu entspannen, ohne etwas krampfhaft verhindern zu müssen, ohne etwas zu befürchten, ohne etwas vorgeben zu müssen, das gar nicht da ist. Wenn ein Paar sich sein »Familienhaus« so einrichtet, wie wir es in unserem Idealmodell vorstellen, dann kann es darin diesen Hexensud brauen.

Doch wenn ein Paar sich daran gewöhnt, immer wieder die Konflikte unter den Teppich zu kehren, die bösen Gefühle runterzuschlucken, und wenn das alles schon gar nicht mehr spürbar wehtut, weil das Kind seine Ab- und Umleitungsfunktion so gut erfüllt – dann kann in dieser Familie keiner mehr entspannt sein, dann geht es niemandem mehr gut. In der Beziehung zwischen Mutter, Vater und Kind läuft so gut wie gar nichts offen und klar. Es staut sich eine enorme Spannung auf. Diese Spannung muß sich irgendwann entladen. An irgendeiner Stelle des Zusammenspiels, das sich in dieser Familie entwickelt hat, knallt es. Und es »knallt« in der Regel zuerst beim schwächsten Rädchen im Getriebe – beim Kind.

Ein Kind hat noch, was bei seinen Eltern unter dem wachsenden Berg von Gefühlsmüll immer tiefer begraben wird: einen intensiven, lebendigen Wunsch nach Klarheit in den Beziehungen, mit denen es zu tun hat. Jedes Kind spürt die Verletzungen, die seine Eltern sich gegenseitig zufügen – auch wenn es bei denen nach wie vor vordergründig ums »Wohl« des Kindes geht. »Wieso mußt du am Sonntag schon wieder arbeiten? Wie kannst du das deinem Sohn antun? Der braucht seinen Vater dringend. Du weißt doch, was die Lehrer uns beim letzten Elternsprechtag erzählt haben. Das Kind ist extrem nervös …«

Wir werden uns im nächsten Zimmer, das wir besuchen, Familien aus dem Blickwinkel des Kindes anschauen. Hier sind wir immer noch im Elternzimmer – und damit beim Paar und seiner Fähigkeit oder Unfähigkeit, sich miteinander auseinanderzusetzen. Darum erlauben wir uns an dieser Stelle, einfach mal lapidar zu sagen: Es kann Jahre dauern, bis es sich bemerkbar macht – aber ein Kind, das in der Streßsituation der ungeklärten Beziehung seiner Eltern steckt, entwickelt irgendwann ein »Symptom«.

Vielleicht ist das Kind extrem aktiv, einfach von niemandem zu bändigen. Vielleicht ist es ein Kind, das traurig und still ist, keine Kontakte zu anderen kriegt. Vielleicht macht es auch in der Schule immerzu den Klassenclown. Das Symptom muß nicht alarmierend sein, nur auffällig. Es hat im Zusammenspiel einer Familie eine doppelte Funktion. Es soll die Eltern natürlich endlich darauf aufmerksam machen: »Moment mal – hier stimmt was nicht; macht bitte, bitte eure Schularbeiten.« Doch die Situation »Kind hat Probleme, Kind macht Probleme« hat auch noch eine andere Wirkung. Sie zieht noch mehr Aufmerksamkeit der Eltern von ihren eigenen Schwierigkeiten ab, weil man sich ja jetzt erst recht um dieses Kind kümmern muß. Um so mehr, wenn die Eltern fest davon überzeugt sind, ihre Schularbeiten längst gemacht zu haben.

Wir sind eben noch lange nicht darüber weg!

Es war einer dieser berühmten Montage. Man weiß nicht, warum – aber alles läuft schief. Das hatte sie schon gemerkt, als sie Larissa morgens an der Schule absetzen wollte. Der Wagen sprang nicht an. In der engen Sackgasse war ein Lastwagen liegengeblieben. Es war halb neun, als Larissa sich an der Schultür nochmal umdrehte und ihr zum Abschied zuwinkte. Blaß sieht sie aus, dachte ihre Mutter. Aber kein Wunder. Es war ja wieder ein Vater-Wochenende ...

Im Büro dann das Chaos an sich. Auslieferung verzögert sich, Kunde sauer. Als das Telefon zum x-ten Mal klingelte, schaute sie automatisch auf die Uhr. Elf Uhr dreißig. Wahrscheinlich der Chefeinkäufer des genervten Kunden ... Es war Frau M., Larissas Klassenlehrerin. »Können Sie gleich herkommen?« fragte Frau M., ihre Stimme klang aufgeregt. Larissas Mutter atmete tief durch. Frau M. war immer gleich sehr aufgeregt. »Was ist los?« fragte sie. »Larissa ist schlecht geworden. Sie muß die ganze Zeit brechen«, sagte Frau M. »Sie weint und will nach Hause.«

Der Abteilungsleiter guckte komisch, als Larissas Mutter sagte, sie müßte sofort weg. Okay, okay, es war nicht das erste Mal, daß Larissa im Unterricht schlecht geworden war. Aber etwas mehr Verständnis für alleinerziehende Mütter könnte er wirklich haben. Auf dem Weg zur Schule fuhr sie über zwei Ampeln, die gerade auf Rot gesprungen waren. Arme Larissa ... Acht Jahre ist ein schwieriges Alter. Erst recht, wenn man sich daran gewöhnen muß, daß der Vater nicht mehr mit der Mutter zusammen wohnt.

Als sie zu Hause ankamen, ging es Larissa schon wieder etwas besser. Sie zitterte auch nicht mehr. Die Mutter kochte Kamillentee und redete sanft auf ihre Tochter ein. »Ich weiß, wie hart das alles für dich ist. Ich kann dich ja so gut verstehen. War irgendwas am Wochenende mit Papa?« Larissa schüttelte den Kopf. Ihre Mutter seufzte.

Was soll das Kind denn auch schon sagen als »Papa ist nicht mehr zu Hause ...«

Larissa nippte am Tee und sah aus wie ein Häufchen Elend. Ihre Mutter spürte, daß sie nicht mehr nach dem Wochenende fragen sollte. Sie nahm ihre Tochter in den Arm. »Ich weiß, ich weiß, wie weh das tut«, sagte sie und drückte das Kind an sich, »wir sind beide noch nicht drüber weg, hmm? Aber wir schaffen das zusammen. Ganz bestimmt.«

Sie guckte nochmal um die Ecke, ob das Kind wirklich schlief, bevor sie abends Larissas Vater anrief. »Hey, ich bin's, wie geht's?« fragte sie und hoffte, daß es beiläufig klang. Tat es natürlich nicht. »Ist was passiert?« fragte er gleich. Sie mußte unwillkürlich lächeln. Er war immer schon gut darin gewesen, ihre Gedanken zu lesen. Keiner konnte das so gut wie er ... Sie erzählte ihm von Larissas Problemen am Vormittag. Er klang besorgt. »Das hat sie aber oft, nicht?« Sie fragte leise: »Wundert dich das denn wirklich?«

Er schwieg einen Moment. Dann sagte er: »Nein.« Pause, dann: »Was können wir denn machen, um ihr zu helfen?« Sie, zögernd: »Du, ich habe da im Moment echt Probleme damit. Ich glaube, Larissa spürt, wie konfus alles ist. Ich brauche selbst auch noch Zeit, um ...«, sie brach ab. Er räusperte sich: »Glaubst du, es täte ihr gut, wenn wir ein Wochenende zu dritt verbringen?« Larissas Mutter wehrte entschieden ab. »Oh, du liebe Güte, nein, ich glaube, das würde alles viel schlimmer machen ...« Er sagte schließlich, leise: »Okay. Wollen wir uns treffen, um nochmal über Larissa zu reden?« Sie nickte, erleichtert. Dann fiel ihr ein, daß er das ja gar nicht sehen konnte. Sie mußte lachen. Er fragte irritiert: »Was ist?« Sie, immer noch lachend: »Ach, nichts. Kannst du Donnerstag Abend? Da ist sowieso der Babysitter da, weil ich da doch zum Sport gehe.«

Trennung ist eine der schwersten Arbeiten, die man in einer Beziehung überhaupt zu leisten hat. Trennung heißt: Wir gehen jetzt wirklich getrennte Wege. Wir machen unser Paarzimmer dicht, lösen die Reste auf. Du kriegst dieses kitschige Ölgemälde vom Wetterleuchten im Gebirge, weißt du noch, wie wir das gekauft haben bei dem Trödler damals im Urlaub? Ich kriege die alte Platte mit der Schnulze; ich werde wohl noch für lange Zeit jedesmal heulen, wenn ich die höre.

Wir leben Mitte der Neunziger Jahre und damit in einer Zeit, in der Paare nicht mehr bereit sind, eine Beziehung aufrechtzuerhalten, in der man partout nicht glücklich werden kann. Wir wollen hier gar nicht die These aufstellen, daß eine »erwachsene« Beziehung lebenslang halten wird. Doch daran, wie ein Paar mit der Trennung umgeht, zeigt sich in reinster Form, wie gut die beiden vorher in ihrem Paarzimmer gearbeitet haben. Es zeigt sich auch, wie gut die beiden zum Schutz ihres Kindes/ihrer Kinder zwischen Paar- und Elternzimmer unterscheiden können. Das Elternzimmer wird bei der Trennung nämlich nicht aufgelöst.

Die Elternaufgabe bleibt für Mutter wie für Vater, bis sie den Auftrag ihres gemeinsamen Kindes (Schützt mich/ zeigt mir, wie man lebt) erfolgreich erledigt haben – auch wenn beide längst mit neuen Partnern zusammenleben. Je nachdem, bei wem das Kind dann lebt, bei ihm oder bei ihr, muß die leibliche Mutter, der leibliche Vater die zweite Autorität im Elternzimmer bleiben. Keine Frage – das ist unter Umständen für die Erwachsenen sehr schwierig. Es kann nur funktionieren, wenn die Eltern es geschafft haben, das Kind eben nicht zum Spielball ihrer Beziehung zu machen.

Es ist eine weitverbreitete Annahme, daß Kinder automatisch an der Trennung ihrer Eltern Schaden nehmen müssen. Es wird sogar gelegentlich gefordert, Eltern müßten den Kindern zuliebe zusammenbleiben, bis »die Kinder alt genug sind«. Wir wagen hier die Behauptung: Daß so viele Kinder unter der Scheidung ihrer Eltern leiden, ist ein alarmierender Hinweis darauf, wie wenige Paare es tatsächlich schaffen, zwischen Elternaufgabe und Beziehungsproblemen zu unterscheiden. Es ist ein Hinweis darauf, daß es nicht die Ausnahme, sondern die Regel ist, daß Kinder in der Beziehung ihrer Eltern als Nothelfer eingesetzt werden, so wie wir es hier in diesem Kapitel beschrieben haben.

Natürlich ist es schwer, extrem schwer sogar, eine Beziehung aufzulösen, und als Mutter und Vater weiterhin eine Verbindung zu haben, ohne daß sich Groll, Enttäuschung, Trotz mit im

Elternzimmer ausbreiten. Die Fäden, die das Kind dann doch wieder einbeziehen in die Probleme der Eltern sind oft sehr fein gesponnen. Larissas Eltern scheinen ihre Trennung geradezu vorbildlich über die Bühne gebracht zu haben. Keine gnadenlosen Kämpfe, kein grausames Zerren ums Sorgerecht. Und doch ist zwischen den beiden nicht alles so klar, wie sie meinen. Larissa registriert das wie ein Seismograph.

Jedes Kind bastelt sich ein Bild zurecht davon, was Familie ist, wie Familie sich anfühlt – davon wird im Kapitel »Kinderzimmer« noch die Rede sein. Wenn Mutter und Vater nicht mehr als Paar zusammenleben, dann braucht ein Kind Zeit, diese Tatsache in sein Bild einzuarbeiten. Vor allen Dingen braucht es den Freiraum, sich wirklich ein eigenes Bild, mit dem es gut weiterleben kann, zu basteln. Sprich: Mutter und Vater müssen sich raushalten.

Larissas Mutter läßt ihr diesen Freiraum aber nicht. »Ich weiß, wie weh das tut. Wir haben das beide noch nicht verarbeitet«, sagt sie zu ihrer Tochter und zieht Larissa mit diesem »Wir« hinein in ihre Schwierigkeiten mit dieser Trennung. Und das Mädchen »funktioniert« als Rädchen im Getriebe der Immer-Noch-Beziehung.

Ihr wird in der Schule schlecht. Man muß sich um sie Sorgen machen. Was die Eltern natürlich auch tun. Und diese Sorge um das Kind ist das Bindeglied, das den Vater dann doch wieder dazu bringt, sich mit Larissas Mutter und deren Problemen zu beschäftigen. Die beiden sind getrennt – und können doch immer noch nicht getrennte, und damit eigene Wege gehen. Genausowenig, wie Larissa aus der »Verantwortung« entlassen wird, diesen Zustand aufrecht zu erhalten …

Es ist ein Unterschied zwischen »Mein armes Kind, dein Vater hat uns allein hier zurückgelassen, ich weiß ja genau, wie schrecklich das ist.« und »Okay, das Wochenende war anstrengend, es gab so viele Eindrücke, du willst deinen Vater hier haben – verstehe ich. Du kriegst das schon hin. Aber das dauert nun mal eine Weile.« Der erste Satz suggeriert dem Kind, daß die Trennung vom Vater eine schlimme Erfahrung sein muß, unter der es genauso leidet wie seine Mutter. Der zweite signalisiert ihm dagegen, daß die Probleme, die seine Mutter mit der Trennung hat, nichts an der Beziehung zwischen ihm und seinem Vater ändern. Die Eltern beenden ihre Partnerschaft. Das Kind verliert dabei aber weder Mutter noch Vater. Solange das auseinanderzuhalten ist, bricht sein Familienhaus nicht zusammen. Dieses seelische Zuhause für ein Kind zu bewahren ist die Quintessenz der Verantwortung, die zwei Menschen im Elternzimmer übernehmen – ganz egal, was im Paarzimmer passiert ist.

Übung 3

* Ganz spontan – wie sähe jetzt, in diesem Moment wohl Ihr Leben mit der Mutter / dem Vater Ihres Kindes aus, wenn Sie dieses Kind nicht bekommen hätten?
* Gibt es nach wie vor Momente, die Ihnen und Ihrem Partner / Ihrer Partnerin allein gehören? Gibt es Abende, an denen Sie zusammen weggehen und nicht über das Kind / die Kinder reden, ja, an denen Sie die Kinder vorübergehend »vergessen«?
* Wir möchten, daß Sie ein Foto machen – wenn auch nur in Ihren Gedanken. Oder besser noch – machen Sie eine Zeichnung, ganz konkret. Ein Bild von Ihrer Familie, aus wievielen Mitgliedern auch immer die besteht. Ihre Familie in einer typischen Situation. Wer steht wo? Wer guckt wen an? Wer geht mit wem? Ist irgend jemand weiter weg als die anderen? Steht einer allein? Sind zwei vielleicht besonders nah zusammen?

Untergeschoß Kinderzimmer: Der Raum, in dem man leben lernt

Da kommt man auf die Welt und hat von nichts eine Ahnung. Schon seltsam, was diese Riesenwesen um einen herum da so treiben. Sie nehmen einen hoch und wiegen einen, machen Geräusche, die sie sonst nie machen. Klingt wie Glugluglu, oder Dududu ... Es ist wunderschön, wenn Mama einen anlächelt. Aber was will eigentlich dieser Typ hier, der sich Papa nennt? Immer versucht er, Mama an sich zu ziehen; aber die will das gar nicht, die wäre viel lieber mit einem allein. Das spürt man doch ganz genau! Aber was man schon rausgekriegt hat: wenn man ganz laut schreit, dann nimmt Mama einen hoch. Und er geht weg ...

Natürlich können Kleinkinder solche bewußten Schlußfolgerungen noch nicht ziehen. Lange Zeit interessierte sich die psychologische Forschung darum nicht besonders für die ersten Jahre des Lebens. Das hat sich geändert. Schlagwort ist heute der »kompetente Säugling«. Was damit gemeint ist: Schon kurz nach der Geburt nimmt ein kleiner Mensch offensichtlich Stimmungen und Gefühle seiner Umgebung sehr genau wahr. Und schon ein wenige Monate alter Säugling hat eine Sehnsucht, die uns Erwachsenen nur allzu vertraut ist: Die Umgebung soll sich »schön« anfühlen; die Menschen, mit denen man zu tun hat, sollen einem das Gefühl vermitteln, daß alles in Ordnung ist. Spürt ein Kleinkind in Blicken, Gesten, Stimmlage, Mimik von Mutter oder Vater, daß dem nicht so ist, versucht es instinktiv, etwas daran zu ändern.

Bei unserer Besichtigungstour durchs Familienhaus haben wir die Höhen und Tiefen des Zusammenlebens bisher aus der Sichtweise der Erwachsenen betrachtet. Beim Betreten des Kinderzimmers wechseln wir die Perspektive und blicken plötzlich zu Giganten auf. Die beiden, die wir gerade noch als ganz normales Paar mit allen möglichen, durchaus nicht ungewöhnlichen Schwierigkeiten erlebt haben, erscheinen jetzt als Wesen, die soviel mehr wissen, soviel mehr können, soviel mächtiger sind als man selbst. Wesen, von denen man total abhängig ist.

Wir haben vorhin im Elternzimmer schon von dem Auftrag gesprochen, den ein Kind an seine Eltern gibt: Schützt mich, denn ich kann es selbst noch nicht; zeigt mir, wie man lebt, denn ich weiß noch nichts darüber. Hier im Kinderzimmer sind wir vor Ort beim Auftraggeber; und dieser Auftrag, der aus der Sicht der Erwachsenen etwas Rührendes hat, erscheint plötzlich in seiner im wahrsten Sinne des Wortes existentiellen Bedeutung. Man braucht die Eltern, um nicht zu verhungern, zu verdursten, zu erfrieren. Man braucht sie aber auch, um nicht zu verzweifeln in seiner Hilflosigkeit. Man braucht sie, damit sie einem das Gefühl geben, hör zu, Kind, keine Aufregung, es wird schon alles werden; wir kriegen das zusammen hin ... Was die kindliche Hilflosigkeit vollkommen macht: Man hat überhaupt keinen Einfluß darauf, was Mutter und Vater mit dem Auftrag anfangen. Nur die unendliche Sehnsucht, daß sie ihre Sache gut machen werden und einen zu dem Ziel bringen, das den Auftrag abschließt: mit allem ausgerüstet zu sein, was man fürs Leben braucht, wenn man mal aus dem Familienhaus auszieht.

Die Beziehung zu Mutter und Vater ist die allererste Erfahrung im Kontakt mit anderen Menschen, die man im Leben macht. Sie ist auch die allererste Erfahrung, die man mit »lieben« und »geliebt werden« macht. Schon lange, bevor man anfängt, die ersten bewußt formulierten Sätze zu bilden, und die ersten bewußten Erinnerungen zu speichern, prägt sich diese Erfahrung tief in die seelische Entwicklung ein. Als eine Art Grundgefühl dafür, wie das ist, wenn man mit seiner Umwelt in Berührung kommt.

Jeder Mensch sehnt sich danach, dieser Umwelt gegenüber ein sicheres, starkes Gefühl zu haben, sich nicht hilflos und ausgeliefert zu fühlen. Jeder Mensch sehnt sich danach, locker und ohne Angst mit seiner Umgebung Verbindungen aufbauen zu können, Freunde zu haben, zu lieben und geliebt zu werden.

Diese Eigenschaften sind, entgegen einer verbreiteten Ansicht, nicht »angeboren«. Es sind soziale Fertigkeiten, die man über die Erfahrungen, die man mit anderen Menschen macht, langsam entwickelt. Der Elternauftrag »Zeigt mir, wie man lebt« bedeutet ganz besonders: Zeigt mir, wie man so sicher und offen sein kann.

Die Eltern sind das Modell, von dem ein Kind alles abguckt, was es in den ersten Jahren übers Leben lernt. Wenn es sich dann die ersten »eigenen« Gedanken machen kann darüber, wie es dieses Leben eigentlich findet, hängt es alle neuen Entdeckungen in dieses Grundgerüst ein. Ein kleines Kind saugt wie ein Schwamm auf, was es aus der Umgebung an Informationen aufnehmen kann. Es unterscheidet dabei nicht so sehr zwischen dem, was seine Eltern ihm bewußt vermitteln wollen und dem, was unausgesprochen unter der Oberfläche schwelt. Ein zweijähriges Kind »denkt« nicht, aha, Mutti guckt so und so, dann hat Vati sicher wieder mal dieses und jenes gesagt. Ein Kind »fühlt« sich hinein in seine Umgebung – und funktioniert dabei wie ein hochsensibler Sensor. Es empfängt sogar Nachrichten, die weit unterhalb der Ebene abgesandt werden, die Mutter und Vater bewußt ist.

Eine sehr gute Nachricht, die das Kind da empfängt, ist zum Beispiel: »Du bist da, und das ist schön. Du mußt dich nicht wahnsinnig anstrengen, damit wir dich lieben. DU bist DU, und du bist genau richtig. Entspann dich, du mußt für uns gar nichts tun. Deine Mutter und dein Vater kommen schon allein zurecht. Schau dich erstmal um in deiner eigenen Welt.« Eltern, die ihrem Kind diese Nachricht vermitteln können, signalisieren ihm, daß sie es lieben – daß sie es aber nicht zwingend brauchen, um ihr Leben zu bereichern oder mit irgendwelchen Schwierigkeiten fertig zu werden. Sie lieben das Kind »bedingungslos«. Damit richten sie ihm einen Freiraum ein, in dem es sich unabhängig von irgendwelchen Ansprüchen ihrerseits ausbreiten kann – ein eigenes »Kinderzimmer« eben. Ein schöneres Geschenk kann ein Kind auf dem Weg ins eigene Leben gar nicht kriegen. Es macht die Erfahrung, daß es um seiner selbst willen geliebt wird, einfach so, und es entwickelt daraus das stolze Grundgefühl, etwas wert zu sein so, wie es gerade ist.

Ein Kinderzimmer im Familienhaus einzurichten heißt, das Kind von Anfang an als eigenständiges Wesen zu betrachten. Ein Wesen, das noch nicht allein überlebensfähig ist, das aber das Recht hat, nicht als selbstverständlicher Teil des Lebens von Mutter und/oder Vater vereinnahmt zu werden. Wir haben im Elternzimmer das Idealbild eines Paares gezeichnet, das seinen Elternauftrag im Sinne des Kindes optimal erfüllt. Wenn Mutter und Vater es schaffen, selbst gut für sich zu sorgen, sich und ihre Beziehung sozusagen selbst zu nähren, dann versorgen sie auch ganz automatisch ihr Kind gut mit den emotionalen Nährstoffen, die es für sein Leben braucht.

Wir haben beim Rundgang durch die Zimmer des Familienhauses aber auch immer wieder gesehen, wie schwierig der Weg bis zu dem Punkt ist, an dem man sich als Frau, als Mann, als Paar wirklich selbst versorgen kann. Man kann seinem Kind immer nur das als Modell fürs Leben weitergeben, was man selbst für sich erreicht hat. Das hat wenig mit bewußten Entscheidungen zu tun. Mit allen Fasern ihres Bewußtseins versuchen Eltern immer, optimale Eltern für ihr Kind zu sein. Mit allen Fasern ihres Bewußtseins versuchen sie, ihr Kind zu schützen, und es bedingungslos zu lieben. Doch je mehr Bereiche es im Leben von Mutter und Vater gibt, die unklar sind, je mehr Bereiche in ihrer Beziehung sich nur als vage Gefühle von Traurigkeit, Leere, Angst, Hilflosigkeit, grenzenloser Enttäuschung bemerkbar machen, desto mehr Hoffnungen und Erwartungen werden ganz automatisch mit einem Kind verbunden. Mit diesen Hoffnungen und Erwartungen kann man nicht mehr »bedingungslos« lieben.

Das Kind empfängt dann nicht die Botschaft »Alles in Ordnung mit dir, wir kommen selbst mit unseren Problemen zurecht«. Das Kind empfängt dann Botschaften wie: »Wir lieben dich, wenn ... du nicht mehr soviel weinst; du das niedlichste Kind der Welt bist; wir wahnsinnig stolz auf dich sein können.« Es kriegt Aufträge wie: »Du bist mein ein und alles; jetzt mußt du mich aber auch unendlich glücklich machen.« Es sieht sich mit Bedingungen konfrontiert wie: »Du bindest mich hier an, du bist laut, und anstrengend; jetzt streng dich gefälligst selbst an, wenn du auch noch geliebt werden willst ...«

Als Kind kann man nicht unterscheiden zwischen Botschaften, die gut tun, und Botschaften, die einem nicht gut tun. Für ein Kind ist alles, was die Eltern machen, und alles, was sie »senden«, richtig. Wenn die Eltern einem senden, daß man etwas für sie tun muß, um ihre Anerkennung zu bekommen, dann ist man eben so, wie man ist, nicht in Ordnung – und genau das ist auch das Grundgefühl, das man dem Leben gegenüber entwickelt.

Wir haben unseren Rundgang durchs Familienhaus im Dachgeschoß begonnen, bei den Einzelzimmern, die Mutter und Vater dort haben. Wir beenden ihn im Erdgeschoß bei den Kinderzimmern, und damit schließt sich – nein, eben kein Kreis. Sondern es schließt sich das nächste Glied an eine Kette an, die das Familienhaus von Ihr und Ihm mit dem Haus verbindet, das beide zusammen gerade gegründet haben. Familien fangen niemals am Nullpunkt an. Genauso, wie ihr Kind jetzt davon abhängig ist, was die Eltern ihm weitergeben, waren die auch mal davon abhängig, was ihre Eltern ihnen an Lebensmodellen vermittelt haben. Jeder bringt das als Erbteil mit in sein eigenes Zimmer.

Im zweiten Teil dieses Buches werden wir uns genauer mit Inhalt und Macht solcher Erbteile beschäftigen. Hier interessieren uns die Grundbausteine, die Menschen brauchen, um als Familie so zusammenleben zu können, daß jeder damit glücklich wird. Als Grundbaustein wird die Bedeutung des »Kinderzimmers« im Familienhaus von Erwachsenen nur allzugern unterschätzt – um so mehr, wenn man selbst sich dort nicht besonders geschützt gefühlt hat.

Doch es sind die Erwachsenen, es sind die Eltern, die im Familienhaus dafür zuständig sind, daß ein Kinderzimmer eingerichtet wird. Was Eltern nie vergessen dürfen: Das Kinderzimmer ist das erste Zimmer, das ein Mensch in seinem Leben bewohnt. Wer ein eigenes Zimmer hat, kann sich dorthin zurückziehen. Er lernt, daß es etwas gibt, was nur ihm gehört, und was ihm sicher ist. Wer ein eigenes Zimmer hat, kann auch mal in dieses Zimmer geschickt werden – und lernt zu respektieren, daß auch die anderen im Haus mit Recht Anspruch auf Ungestörtheit in ihren eigenen Bereichen erheben. Dieser gegenseitige Respekt ist nicht nur die Grundlage dafür, mit der eigenen Familie »glücklich« zusammenzuleben. Er ist eine notwendige Grundlage dafür, im Leben überhaupt Beziehungen eingehen zu können, in denen man langfristig glücklich sein kann.

Die dollste Liebe aller Zeiten

»Haben Sie diesen Artikel gestern gelesen über Söhne, die ohne Vater aufwachsen? Also, wenn Sie mich fragen«, Frau Schiller vom Zeitungsladen sah Anita erwartungsvoll an, »ich finde ja auch, daß Jungs einen Mann um sich herum brauchen!« Anita hatte keine Lust, sich am frühen Morgen auf eine Diskussion über alleinerziehende Mütter einzulassen. Sie raffte ihre Sachen zusammen und warf Frau Schiller beim Rausgehen vielsagend zu: »Ich finde, das kommt immer ganz auf den Mann an ...«

Auf dem Weg zur Arbeit stellte sie fest, daß der Gedanke an Timmis Vater bei ihr immer noch einen empfindlichen Nerv berührte. Sie ärgerte sich darüber. Es war eine klare Entscheidung gewesen; und es war richtig so. Timmi war jetzt sechs. Er ging in die erste Klasse. Sie hatten es allein geschafft, und sie hatten es prima geschafft. Warum also diese sporadischen Anfälle von Wut; und dieser Wunsch, ihn aufzustöbern, wo immer er heute stecken mochte, ihm Timmi in die Arme zu drücken und zu sagen »So, Papi, hier ist dein Sohn. Jetzt bist du mal dran!«

Anita hatte Timmis Vater kennengelernt, als sie nach dem Studium für drei Monate in die USA ging, um einen Intensivkurs in Business-Englisch zu machen. Lou war ihr Nachbar im Studentenwohnheim. Sie verbrachten acht verrückte Wochen zusammen. Dann kam dieser Abend, an dem sie an seiner Tür klopfte, und eine fremde Frau öffnete. »Du bist Anita«, sagte sie, »Lou hat mir von euch erzählt.« Als sie Anitas Fassungslosigkeit bemerkte, lächelte sie. »Ich bin seine Frau. Sei ihm nicht böse; ich versuche es ja auch. Lou ist ein großes Kind...« Anita war gerade wieder in Deutschland, als sie erfuhr, daß sie schwanger war. Schwanger trotz Pille – sie wollte nicht glauben, daß ihr so etwas passierte. Sie hatte nur noch ein paar Tage, um sich zu entscheiden. In der zweiten schlaflosen Nacht war sie plötzlich sicher, daß dieses Kind unbedingt auf die Welt kommen wollte.

Anita informierte Lou nicht über seine Vaterfreuden. Sie wollte es nicht. Sie würde nie vergessen, wie dumm sie sich nach der Begegnung mit seiner Frau vorgekommen war. Es war vorbei. Aber Timmi war da. Anita schaffte es, eine Stelle bei einer Bank zu bekommen. Sie fand einen Ganztagsplatz für Timmi im Kinderhort. Es war trotzdem immer ein Kraftakt. Sie hetzte jeden Tag im Streß los, um Timmi rechtzeitig abzuholen. Sie war im Kinderhort immer die letzte, die das Kind wieder in Empfang nahm. Sie war in ihrer Abteilung immer die erste, die ging. Sie spürte die Blicke der Kollegen. Daß sie morgens eine Stunde vor den anderen am Schreibtisch saß, registrierte niemand.

Es gab Abende, an denen sie so müde war, daß sie auf dem Sofa einschlief. Es gab Abende, an denen sie daran dachte, wie schön es sein müßte, wenn sie die Verantwortung für das Kind mit jemandem teilen könnte. An solchen Abenden stellte sie sich vor, welch gemütliches Leben Lou wohl führte, mit seiner verständnisvollen Gattin. Nennenswerte andere Männer hatte es in ihrem Leben seit ihm nicht gegeben. Sie kam zu dem Schluß, daß neben Kind und Job keine Energie blieb, um sich zu verlieben. Anita war froh darüber, daß Timmi im Hort nicht als einziges Kind ohne Vater aufwuchs. Sie wollte nicht, daß er das Gefühl bekam, das sei nicht normal. Natürlich fing er irgendwann an, nach seinem Vater zu fragen. Anita sagte ihm, daß es passieren kann, daß zwei Menschen sich treffen, und sich dann wieder aus den Augen verlieren. Timmi nickte ernst und trottete in sein Zimmer.

Dann kam der Tag, an dem sie ein sehr schweigsames Kind abholte. »Was ist los?« fragte sie. Nach dem Abendessen rückte er damit heraus. Die anderen hatten darüber gestritten, wessen Eltern sich am dollsten lieben. Weiß der Teufel, dachte Anita, wie die Kinder darauf kommen. Und Nico, Timmis bester Freund, meinte, daß Väter, die Mütter ganz doll lieben, niemals weggehen würden. Es kam die Frage, die kommen mußte: »Mama, wie war das denn bei dir und Papa?«

Anita schluckte. Was sollte sie dem Kind sagen? Daß sein Vater ein

Märchenprinz sei? Oder die knallharte Wahrheit darüber, wie verantwortungslos Lou war, und daß er es sich gern leicht machte? Sie schaute ihren Sohn an. Und wußte plötzlich, daß sie kein Recht hatte, ihm das anzutun. Also begann sie zu erzählen. Von dem Mann, der damals plötzlich vor ihr stand. Wie es war, als würde die ganze Welt versinken. Wie sie beide sofort wußten, daß sie zusammengehören. Wie die gemeinsamen Tage ein einziger Freudenrausch waren. Und wie sie dann zurück nach Deutschland mußte, und er nicht mitkommen konnte. Sie holte tief Luft. »Wir wollten immer zusammenleben«, sagte sie dann, »aber wir haben uns nie wiedergefunden.«

Timmi hörte sich die Geschichte mit großen Augen an. Dann ging er ins Bett, ohne das übliche »Mama, noch bis der große Zeiger auf der Neun steht, bitte, bitte…« Anita goß sich ein Glas Wein ein. Sie saß am Tisch, bis es ganz dunkel war. Sie machte das Licht nicht an. Sie versuchte sich daran zu erinnern, wie es gewesen war, wenn Lou sie anschaute. Am nächsten Abend berichtete Timmi stolz, wie beeindruckt die anderen Kinder von der Geschichte seiner Eltern gewesen waren.

Jedes Kind entwirft schon sehr früh eine Art Skizze davon, wie es sich Partnerschaft vorstellt. Eine sehr einfache Skizze, ein paar Grundformen, das bunte Ausmalen kommt viel später. Und doch trägt man diesen Entwurf ein Leben lang mit sich herum. Modell für die Skizze stehen die Eltern. Am Beispiel der Eltern lernt man, daß es einen Unterschied gibt zwischen Mann und Frau. Am Beispiel der Eltern macht man sich ein Bild davon, was es heißt, Partner und Partnerin zu sein. Wie Mutter und Vater miteinander umgehen, wie sie einander anschauen, wie sie übereinander sprechen, welche Meinung voneinander sie ihrem Kind vermitteln – all das sind Mosaiksteinchen, aus denen ein Kind sich sein eigenes Konzept von »Das ist Liebe« bastelt.

Von den emotionalen »Nährstoffen«, die man auf dem Weg ins eigene Leben braucht, haben wir vorhin schon das Gefühl genannt, beschützt zu werden, und um seiner selbst willen geliebt zu sein. Kinder sehnen sich nach Eltern, die ihnen dieses

Gefühl vermitteln können. Um emotional gut genährt zu werden, brauchen Kinder aber genauso dringend Eltern, die Liebe als eine leuchtende, ja, geradezu magische Vision vorleben. Darum sehnen sich Kinder immer nach Eltern, die ihnen als Paar ein Idealbild vom Leben und vom Lieben mit auf den Weg geben können.

Zum Erwachsenwerden gehört die Erkenntnis, daß auch die größte Liebe im Alltag verblaßt, und daß nach der rauschenden Verliebtheitsphase ein Arbeitseinsatz fällig ist, um Größe und Magie gelegentlich wieder aufblitzen zu lassen. Zum Kindsein gehört das Wissen, daß es überwältigend große, ewige Liebe gibt. Ein Kind kann das nur so genau wissen, wenn es seine Eltern als Helden in einer großen Liebesgeschichte erlebt hat – in der Zeit, als es noch klein genug war, um in der Sicherheit seines Kinderzimmers einfach so zu träumen.

So etwa mit vier, fünf, sechs Jahren fangen Kinder an, sich intensiv mit ihrer Sexualität und ihrem Geschlecht zu beschäftigen. Und sie bauen sich ihr Grundmodell dafür, was eine Frau und was ein Mann ist – und wie es ist, wenn die beiden zusammenleben. Natürlich orientieren sie sich dabei am Vorbild der Eltern – diesen Giganten, die aus der Sicht des (immer noch) kleinen Kindes alles richtig machen. Wenn die Eltern nicht nur Eltern sind, sondern ein Paar, das sich nach wie vor liebt und nach wie vor Lust hat, miteinander zu schlafen, dann saugt man in dieser Lebensphase viel von dem Nährstoff auf, der einem später hilft, Liebe als etwas Magisches erleben zu können.

Anita hat für ihren Sohn eine frustrierende Affäre zur ganz großen Liebe aufpoliert und ihm damit die Chance gegeben, sich seine Eltern als Helden in einer funkelnden Story vorzustellen. Es geht hier nicht darum, Kindern etwas vorzumachen. Das hat Anita auch nicht wirklich getan. Wenn der Junge älter ist, wird er »realistischere« Informationen über seinen Vater von ihr fordern. Doch dem sechsjährigen Kind hat Anita ein wertvolles Geschenk gemacht: Sie hat es geschafft, ihre eigenen bitteren Gefühle, die Enttäuschung und auch die Wut, die sie auf Lou manchmal noch empfindet, nicht an Timmi weiterzugeben.

Das ist für jede alleinerziehende Frau (und selbstverständlich für jeden alleinerziehenden Mann) unendlich schwer. Um so schwerer, wenn der Ex-Partner nicht, wie bei Anita, ganz aus dem Leben verschwunden ist. Wer sich mit Themen wie »Warum bezahlt dieser Mann den Unterhalt nie pünktlich?« oder »Warum muß er nur seine neue Freundin mitnehmen, wenn er mit dem Jungen zum ersten Mal in die Ferien fährt« auseinandersetzen muß, der braucht oft engelsgleiche Eigenschaften, um einem Kind sein Vater- (bzw. Mutter-)bild nicht gänzlich zu zerstören.

Doch welcher Groll auch immer dem Ex-Partner, der Ex-Partnerin gegenüber noch vorhanden ist – diese Gefühle sind ein Thema, das im Paar- und im Einzelzimmer unterm Dach verhandelt werden muß. Mit der Geburt des Kindes hat man die Aufgabe im Elternzimmer übernommen. Zu dieser Aufgabe gehört es eben auch, dem Kind Gelegenheit zu geben, ein Elternbild aufzubauen, in dem großartige Mütter und Väter vorkommen – auch wenn man keinen ständig vorhanden Vater bieten kann.

Anita hat es geschafft. Und mit ihrer Geschichte nicht nur eine Liebesfabel erfunden. Mit der Einstellung, aus der die Geschichte entstanden ist, hat sie für Timmi im Alleingang die Grundidee eines »Familienhauses« aufgebaut – und ihm gleichzeitig darin ein gut geschütztes Kinderzimmer eingerichtet.

Der Aufbau des Familienhauses, das wir auf diesen Seiten beschreiben, orientiert sich an der »klassischen« Familienkonstellation Vater/Mutter/Kind. Nach neuen Statistiken leben nach wie vor fast achtzig Prozent aller Kinder mit Mutter und Vater zusammen. Doch die Scheidungszahlen steigen weiter. Es wird in den nächsten Jahren immer mehr Kinder geben, die bei einem alleinerziehenden Elternteil, wie das im Amtsdeutsch so schön heißt, aufwachsen. Für solche in alle Welt verstreuten »Restfamilien« ist unser Haus nicht überholt – ganz im Gegenteil. Die Raumaufteilung ist ein Grundmodell dafür, wie Vater, Mutter und Kind in jeder Form des Zusammenlebens (oder eben Nicht-Zusammenlebens) weiterleben können, ohne tiefe Wunden davonzutragen.

Wenn Sie und Er ihr Einzelzimmer unterm Dach bewohnen,

heißt das, etwas psychologischer formuliert, daß beide eine starke, unabhängige Individualebene haben. Das heißt, daß beide durch das Ende ihrer Beziehung zueinander nicht vollkommen aus der Bahn geworfen werden, auch wenn die Trennung weh tut. Und es heißt, daß beide auch weiterhin Lust aufs Leben und Kraft haben, sich irgendwann mal wieder neu zu verlieben – was beide nun wiederum an ihr Kind weitergeben können, auch wenn sie nicht mehr zusammen leben.

Wenn die Eltern ihr Paarzimmer zusammen als Zimmer zweier »erwachsener« Menschen eingerichtet haben, wie von uns als Idealfall beschrieben, schaffen sie es auch, sich als Erwachsene zu trennen. Was heißt, es gibt keine Trümmer, keine gnadenlosen Vernichtungsfeldzüge gegeneinander, keine unversöhnlichen Racheschwüre – das Kind wird nicht fürs Leben tief geschädigt dadurch, daß es miterleben muß, wie die beiden Menschen, deren Schutz es so dringend braucht, sich gegenseitig psychisch zerfleischen. Weiter heißt das, die Elternebene, die von vornherein für das Paar nicht das gleiche war wie die Beziehung, bleibt dem Kind erhalten.

Wenn schließlich das Kind sein eigenes Zimmer hat, in dem es weiß, daß es von Mutter und Vater beschützt wird, dann verliert es seine Lebensgrundlage und sein »inneres Zuhause« nicht, auch wenn in den oberen Stockwerken des Hauses alles durcheinanderwirbelt. Dieses innere Zuhause eines Kindes ist und bleibt ein schützendes und nährendes Zuhause, wenn an der Wand leuchtende Bilder von einer großartigen Mutter und einem großartigen Vater hängen.

Wenn Mütter und Väter ihre Elternaufgabe »Schützt mich / zeigt mir, wie man lebt« erfüllen wollen, dann dürfen sie diese Bilder nicht zerstören. Im Kinderzimmer hat der Nachwuchs das Hausrecht. Ein Kind hat nicht nur das Recht, sich ein schönes Bild von seinem Vater und seiner Mutter zu malen. Es braucht diese schönen Bilder, um eine positive Einstellung zum eigenen – und zum anderen – Geschlecht zu entwickeln. Egal, was Mutter und Vater in ihrer Etage miteinander auszufechten haben und was sie danach noch voneinander halten – es gehört nicht ins Kinderzimmer.

Es gibt kaum eine Familiensituation, die besser verdeutlicht, wie wichtig der Schutz des Kinderzimmers ist, als die Trennung der Eltern. Und es gibt kaum eine Situation, in der es Eltern schwerer fällt, diesen Schutz zu wahren. Ein Satz wie: »Mein armer Kleiner, dein Vater versucht, uns beide fertig zu machen ...« ist schnell gesagt. Genauso schnell wie »Du bist mein Mädchen, und ich verspreche dir, alles dafür zu tun, daß du deiner Mutter nicht allein in die Hände fällst«. Mit solchen Sätzen macht man ein Kind zum Verbündeten im Kampf gegen den Ex- oder Noch-Partner, die Ex- oder Noch-Partnerin. Mit solchen Sätzen nimmt man ihm nicht nur sein großes Bild vom tollen Vater, von der tollen Mutter. Man nimmt ihm auch den Schutz seines Kinderzimmers.

Im Elternzimmer haben wir gesagt, daß ein Kind wie ein fehlendes Puzzleteil in die Beziehung von Vater und Mutter »hineinwächst«, wenn die beiden es nicht schaffen, das zu klären, was unausgesprochen zwischen ihnen liegt. An dieser Stelle möchten wir einen klugen Therapeutensatz zitieren, der zwar Psycho-Deutsch in Reinkultur ist – aber trotzdem sehr anschaulich beschreibt, wie dieses »hineinwachsen« aus der Sicht eines Kindes empfunden wird: Ein Kind drückt das Unbewußte seiner Eltern aus. Das bedeutet: Ein Kind fängt mit seinen feinen Sensoren auch genau die Themen auf, mit denen die Eltern sich nicht beschäftigen wollen, die für die Eltern zu beängstigend, zu unangenehm, zu bedrückend sind, um sie wahrnehmen zu können. In seiner Sehnsucht nach großartigen und beschützenden Eltern kann das Kind dieses unterschwellige Gefühl, daß etwas nicht stimmt, nicht ertragen. Es muß sich einmischen.

Um es noch einmal ganz klar zu sagen, denn dieser Punkt trägt ganz wesentlich zum Verständnis dessen bei, wie in einer Familie Probleme entstehen: Solange die Eltern ihren Kram in ihren Zimmern erledigen, und selbst wenn dieser »Kram« eine Trennung ist, solange kann das Kind in Ruhe in seiner Kinderetage, in seinem Kinderzimmer bleiben. Denn von Eltern, die auch unangenehme Themen, die es zu bewältigen gilt, offen angehen, empfängt es keine unbewußten Hilferufe. Ganz im Gegenteil. Eltern, die sich mit ihrer Traurigkeit, ihren Niederlagen, ihren

Enttäuschungen, ihrer Wut auseinandersetzen können, übermitteln ihrem Kind Botschaften, die es als wichtige Merksätze mit in sein Leben nimmt. Zum Beispiel: Man kann total unterschiedlicher Meinung sein, und sich trotzdem noch gegenseitig achten. Oder: Man kann respektieren, daß andere Menschen »anders« sind, und etwas Anderes wollen als man selbst. Oder auch: Man kann es ertragen, von anderen eine Abfuhr zu kriegen, wenn die einen bei dem, was sie wollen, nicht gebrauchen können, man kann auch sehr traurig sein darüber – und findet doch in seinem Zimmer genug Halt an seinem »inneren Zuhause«, um daran nicht zu zerbrechen.

Doch wenn die Eltern ihren Kram eben nicht selbst erledigen, wenn sich im Obergeschoß des Familienhauses immer mehr Traurigkeit, immer mehr Wut, immer mehr Resignation ausbreiten über all das, was unter den Teppich gekehrt wurde – dann wird das Kind automatisch in die Etage der »Erwachsenen« hinaufgezogen. Dort ist es nicht geschützt, sondern mittendrin in dem Gefühlschaos seiner Eltern. Ein ungeschütztes Kind hat nicht die Chance, »eigenen«, festen Boden unter die Füße zu bekommen. Es hat keinen Bereich, in dem es sich sicher fühlen kann, sondern muß versuchen, irgendwo in den Zimmern der Eltern eine Nische zu finden – ob mittendrin im Paarzimmer oder im Einzelzimmer von Papa oder Mama.

Um zu verstehen, was dabei mit einem Kind passiert, ist ein kleines Gedankenspiel sehr hilfreich. Man stelle sich vor, es verschlägt einen ganz allein in ein weit, weit entferntes Land. Man spricht die Sprache nicht. Man kennt die Sitten nicht. Man kann dort gar nichts machen, denn man weiß nicht, welche Fähigkeiten dort verlangt werden. Man hat auch kein Geld; man hat keine Beziehungen. Man hat nichts, gar nichts. Nur zwei alte Bekannte, ein Paar, das vor langer Zeit dorthin gezogen ist. Die beiden nehmen einen auf, stellen einem großzügig ihr Gartenhäuschen zur Verfügung. Und dann kommt ein Wirbelsturm, ein Erdbeben, eine Flutwelle – in weit, weit entfernten Ländern lauern bekanntlich immer Gefahren. Das Gartenhaus ist nicht mehr. Und man selbst ohne eigene Behausung.

Macht nichts, sagen die alten Bekannten, ziehst du eben mit

bei uns ein. Was passiert? Das hängt vor allem davon ab, was das eigentlich für ein Paar ist, bei dem man da plötzlich in Intimdistanz lebt. Vielleicht merkt man nach kurzer Zeit, daß Sie oder Er einen verstohlen betrachten, und man weiß, daß sie enttäuscht sind, weil sie irgend etwas Anderes von einem erwartet hatten als einfach nur da zu sein. Man versucht dann zum Beispiel, sich unsichtbar zu machen, bloß keinen Lärm zu veranstalten, keinen Platz zu beanspruchen, am besten gar nicht da zu sein. Oder man strengt sich wahnsinnig an, um auf irgendeine Art und Weise doch keine Enttäuschung zu sein: etwa, indem man so unterhaltsam ist, daß man schlicht und einfach für das Entertainment der Gastgeber unentbehrlich wird.

Vielleicht erzählt Sie einem aber auch, sobald Er das Zimmer verlassen hat, wie schrecklich alles ist mit der Beziehung, dem Leben, und überhaupt … Dann versucht man natürlich, sie aufzuheitern, sich nützlich zu machen, ihr zu sagen, ach, guck mal, draußen scheint die Sonne, die Welt ist doch schön, wir kriegen das schon hin.

Oder Er nimmt einen auf die Seite und vertraut einem an, daß er eigentlich derjenige war, der einen da haben wollte. Im Grunde könne er mit ihr sowieso nicht viel anfangen, sie nutze ihn nur aus. Aber jetzt, wo er endlich Gesellschaft habe, werde alles anders … Also versucht man natürlich, alles zu tun, damit für Ihn alles anders wird, und Er stolz auf einen sein kann.

Vielleicht kriegt man aber auch nach kurzer Zeit mit, daß die beiden sich dauernd streiten – und daß es dabei fast immer um einen selbst geht. »Ich finde, er/sie sollte Klavierstunden nehmen, bei soviel musischem Talent …« »Ach, ja? Und wer soll die Stunden denn bezahlen, bitte? Wie wär's, wenn er/sie sich etwas mehr mit den Gepflogenheiten dieses Landes beschäftigt. Damit erwirbt man sich Fähigkeiten, um selbst Geld für Klavierstunden zu verdienen …« In der Panik, am Ende von beiden fallengelassen zu werden, fällt einem zum Beispiel die Taktik ein, sich immer auf die Seite desjenigen zu schlagen, der im gerade aktuellen Streit die besseren Karten zu haben scheint …

Wie auch immer die Situation gestaltet ist, in der man da steckt – es gibt darin keinen Platz, an dem man sich selbstverständlich aufgehoben fühlt; es gibt keinen stillen Winkel, in dem man seine Gedanken und Gefühle ordnen kann. Man fühlt sich statt dessen ständig beobachtet und ist selbst immer auf dem Sprung, um den Anforderungen der Umgebung sofort gerecht werden zu können. Ein Ansinnen ablehnen, darum bitten, einfach mal in Ruhe gelassen zu werden, gegen irgend etwas aufbegehren? Auf die Idee kommt man überhaupt nicht. Denn man lebt mit dem Gefühl, eigentlich kein Recht auf Schutz und Obdach zu haben, wenn man nicht soviel wie möglich dafür tut.

Ein ungeschütztes Kind, ein Kind ohne Kinderzimmer im Familienhaus, hat keine andere Wahl, als den »Job« anzunehmen, der ihm in den Erwachsenenetagen zufällt. Um Mißverständnissen vorzubeugen: Eine solche Familienkonstellation, in der ein Kind für die Eltern »arbeitet«, muß überhaupt nicht dramatisch, besorgniserregend, oder in irgendeiner Weise lieblos aussehen. Es gibt viele Jobs, durch die Kinder das Leben und die Beziehung ihrer Eltern anreichern. Muttis kleiner Sonnenschein. Vatis süße Tochter. Das kleine Bastelgenie, auf das man so stolz ist. Das schüchterne Kümmerlein, das man aufbauen muß. Wie die Aufgabe aussieht, die das Kind erfüllt, hängt immer davon ab, in welche Energiefelder es bei (oder zwischen) den Eltern gerät. Keine dieser Familienkonstellationen ist auf Dauer für irgendeinen der Beteiligten günstig. Doch das Kind verbrennt sich auf jeden Fall die Seele.

Aus der Innenansicht sind solche Entwicklungen nur schwer bis überhaupt nicht wahrnehmbar. Solange keine massiven Probleme auftauchen, erscheint Familien ihre Form des Zusammenlebens immer als die übliche, als »So ist das nun mal, wenn man Kinder hat.« Gut möglich, daß es währenddessen für einen unbefangenen Beobachter schon längst nicht mehr so aussieht, als wäre das Verhältnis zwischen Mutter, Vater und Kind so ganz entspannt und unproblematisch.

Griechischer Wein

»Ich werd' verrückt, du bist in der Stadt!? Mensch, warum kommst du heute abend nicht einfach mit zum Griechen? Das Wetter ist so toll, wir können draußen sitzen«, hatte Beate gemeint. »Wir gehen da immer hin mit Jenny, weil es im Garten so schön zwanglos ist.« Martina stimmte dem Vorschlag ihrer alten Freundin begeistert zu. Drei Jahre hatten sie sich nicht mehr gesehen. Jennifer, die kleine Tochter, von der Beate in den gelegentlichen Briefen immer so begeistert schrieb, mußte jetzt wohl schon fünf Jahre alt sein. Und wie es Stefan, Beates Mann, wohl ging? Martina freute sich auf das Essen.

Sie ist zeitig da. Sie bestellt Wein und Wasser. Dann lehnt sie sich zurück, blinzelt genüßlich in die rostfarbene Abendsonne, und wartet. Das Lokal füllt sich langsam. Sie wartet. Das Essen an den anderen Tischen sieht hervorragend aus. Gegen sieben, hatte Beate gemeint. Es wird zehn nach sieben. Es wird zwanzig nach sieben. Es wird halb acht. Martina fragt sich gerade, ob sie vielleicht beim falschen Griechen wartete, als es an der Toreinfahrt laut wird.

Ein Kind, ein kleines Mädchen, stürzt kreischend um die Ecke, schwingt dabei ein Plastikschwert in der Hand. Die Frau, die hinter dem Kind herrast, es jetzt am Arm festhält und auf es einredet, ist doch – ja, natürlich, Beate. Und der Typ, der langsam hinterherschlendert – mein Gott, denkt Martina, wie sieht Stefan denn aus, ganz grau geworden, und wie er die Schultern hängen läßt ...

Es ist ein flüchtiger Eindruck, ein paar Sekunden nur. Dann entdeckt Beate Martina, winkt lachend rüber. Stefan hebt den Kopf, lächelt auch. Am Tisch fällt Beate Martina strahlend um den Hals. »Du, entschuldige die Verspätung«, sagt sie, »Jenny hatte plötzlich keine Lust mehr, zum Essen zu gehen. Ich mußte erstmal mit ihr reden«, fügt sie bedeutungsvoll hinzu. »Komm her, mein Schatz, du kannst hier nicht rumtoben«, ruft sie im gleichen Atemzug dem Mädchen zu, das schon wieder weggewitscht ist und zwei Tische entfernt am Boden kauert. Jenny reagiert nicht. »Komm b-i-t-t-e her«, wiederholt ihre Mutter. Keine Reaktion. Sie lächelt Martina zu, zuckt mit den Schultern und geht, um Jenny zu holen. Stefan schaut hinter ihr her, schaut auf die Tischdecke, in die Kerze. Dann bemerkt er Martinas Blick, und meint, wie entschuldigend: »Das Kind ist in einem schwierigen Alter ...«

»Da ist ein Hund. Ich will mit dem Hund spielen«, wiederholt Jenny nun schon zum dritten Mal, nachdem ihre Mutter sie an den Tisch und auf den Stuhl neben sich bugsiert hat. »Toll siehst du aus, Martina«, sagt Beate, »der neue Job scheint dir wirklich gut zu ... Jenny, leg das bitte weg«, sagt Beate und legt die Hand auf das Plastikschwert, mit dem die Kleine auf dem Tisch herumstochert. »Ich habe gleich gesagt, daß das Ding zu Hause bleiben soll«, sagt Stefan und guckt von der Tischdecke auf. Beate schaut Jenny an, und sagt: »Sie ist alt genug, um zu verstehen, daß sie damit hier nicht herumfuchteln kann, nicht wahr, Jenny?« Jenny sieht sie an, nimmt das Schwert, zielt auf Beates Brust. Beate sagt: »Ich möchte nicht, daß du damit auf jemanden zielst.« »Wieso?« fragt Jenny. »Sowas macht man nicht.« »Wieso?« fragt Jenny. Beate macht den Mund auf, macht ihn wieder zu. Jenny fängt an zu kichern, als sie das Gesicht ihrer Mutter sieht. Die lächelt plötzlich, meint: »Du bist ein ganz schön gerissenes Biest, weißt du das?« Stefan bestellt griechischen Weißwein.

Oh, ja, es geht ihnen prima. Stefan ist jetzt Leiter des Architekturbüros; Beate ist gerade dabei, wieder Kontakt zu ihrer alten Firma aufzunehmen, sie überlegt, wieder halbtags zu arbeiten. Jenny ist der größte Wildfang im Kindergarten. »Sie bringt immer nur Jungs zum Spielen mit nach Hause«, sagt Beate, »sie ist wie ich, ich hatte mit Puppen auch nichts am Hut.« Jenny klettert auf ihren Stuhl und angelt mit dem Plastikschwert nach einem Schlüssel, der auf dem Nachbartisch liegt. Das Schwert verfängt sich dabei in der Lockenpracht einer Rothaarigen. Die dreht sich erschrocken um. Beate lächelt ein strahlendes »Na ja, Kinder in dem Alter«-Lächeln hinüber, murmelt: »Entschuldigung«, und bringt Jenny dazu, sich wieder hinzusetzen. Das Essen kommt. »Ich will keine Pommes«, sagt Jenny. »Aber Jenny«, sagt ihre Mutter, »du hast die ausdrücklich bestellt. Die ißt du doch sonst immer so gern.« Jenny schüttelt den Kopf.

"Ich muß mal«, sagt Jenny. Beate, die gerade den ersten Bissen Gyros zum Mund führen will, läßt die Gabel sinken. »Bist du sicher?« »Ich muß mal«, wiederholt das Kind. Beate seufzt, lächelt Martina zu, und geht mit Jenny zur Toilette. Stefan bestellt noch einen Liter Wein. Die beiden kommen zurück. Jenny mußte doch nicht. Beate erzählt, wie penibel Jenny damit ist, schon seit dem ersten Tag, an dem sie keine Windeln mehr trägt. »Hmmhmm, das Essen ist prima«, sagt

Beate. »Jetzt muß ich aber«, sagt Jenny. Stefan atmet hörbar ein und sagt: »Was soll das Theater?« Beate sagt zu ihm: »Nun laß das Kind doch, du weißt doch, wie unsicher sie damit ist.« Sie legt ihr den Arm um die Schulter und geht mit ihr zur Toilette. Geschickt entwindet sich Jenny ihrem Arm, und rennt zurück, um ihr Plastikschwert zu holen. Stefan schaut auf seinen Teller und schiebt den Salat hin und her.

Zum Nachtisch gibt's Eiskrem. Beate erzählt von der Wohnung, die sie sich angesehen haben. Die Loggia. Die Stuckdecken. Der Garten. »Ein Traum«, sagt Beate. »Aber ein stolzer Preis«, sagt Stefan. »Na ja«, sagt Beate, »denk dran, daß wir irgendwas finden müssen, wo Jenny richtig toben kann, wenn sie etwas größer ist.« Stefan wiegt den Kopf. Jenny ist fertig mit ihrem Eis und fängt an, mit dem Plastikschwert nach Fliegen zu schlagen. »Stell dir vor, es gibt sogar einen Kamin«, sagt Beate zu Martina und schaut dabei Stefan an. »Soll ich euch mal zeigen, wie Ninja-Turtles kämpfen?« fragt Jenny. Sie springt auf, und stößt das Schwert in Richtung Kerze. Sie trifft die Weinflasche. Die Flasche fällt um. Der Wein schwappt über die Tischkante auf Beates Schoß. »Jenny, verflucht«, sagt sie und schaut dann Stefan an. »Nun sag du doch auch mal was dazu!« Stefan guckt von der Pfütze auf dem Tisch auf und sagt zu Jenny: »Du sollst hier nicht mit dem Schwert rumalbern.« Jenny malt Weinkringel auf die Decke, schmiegt sich an ihre Mutter und sagt maunzend: »Ich will jetzt nach Haus …«

Zurückgekehrt in ihr Hotelzimmer wird Martina sich erstmal ganz ruhig hinsetzen und tief durchatmen. Dieses Kind, wird sie denken, ist ein kleines Monster. Die macht einen ja völlig fertig… Sie wird Beate bewundern, die so ruhig und verständnisvoll mit der Kleinen umgeht, denn ihr als Nicht-Mutter wäre beinahe die Hand ausgerutscht. Und sie wird Stefan bedauern, der den Streß jeden Tag über sich ergehen lassen muß.

Wir haben vorhin gesagt, daß Kinder das Unbewußte ihrer Eltern ausdrücken. Das ist ein psychologisches Gedankenmodell. Jenny ist Alltag, ganz normaler, nerviger Familienalltag. In ihrem Familienalltag hat sie im Zusammenspiel mit ihren Eltern schon ein ganze Menge übers Leben gelernt; so wie jedes Kind von seinen Eltern abguckt, und über seine Eltern Erfahrungen sammelt. Und wie jedes Kind hat Jenny das meiste davon zwischen den Zeilen der »offiziellen« Mitteilungen ihrer Eltern gelesen.

Leben lernen heißt: learning by doing. Wie man mit anderen Leuten in Kontakt kommt, wie man auf sich aufmerksam macht, wenn man etwas braucht, wie man seine Interessen durchsetzt – das lernt man als Kind im Alltag mit seinen Eltern. Man probiert etwas aus und kriegt ein Feedback von Mutter und Vater. Über solche Erfahrungen lernt ein Kind sich kennen. Es lernt, welche Einflußmöglichkeiten es hat. Es lernt, wie und womit es Eindruck macht. Es lernt auch, wie es besser nicht sein sollte und was es nicht kann. Nach und nach bastelt man sich aus solchen Erfahrungen, die man über die Eltern vermittelt bekommt, eine Geschichte zusammen. Eine Geschichte darüber, wie man es schafft, mit seiner Umgebung umzugehen, ohne dabei unterzugehen. Eine Geschichte darüber, wie man im Leben überlebt.

Jennys Geschichte ist noch nicht sehr lang. Doch das Thema ist schon deutlich abzulesen: Man kann Leute durch sein Verhalten beeinflussen; wenn man nervt, hat man Macht. Sie ist sechs Jahre alt und sie ist in ihrer Familie der Boß. Weil Jenny keine Lust mehr hat auszugehen, kommen die Eltern viel zu spät. Weil sie aufs Klo muß, wird Mutters Essen kalt. Weil sie mit ihrem Plastikschwert rumspielt, sind alle genervt – und sie hat die ganze Aufmerksamkeit. Es stimmt, Jenny ist ein kleines Monster. Doch es gibt kein Kind, das von Natur aus ein Quälgeist ist. Auch Jenny hat nicht um die Macht gebeten, die sie in ihrem zarten Alter bereits ausübt. Sie hat sie auch nicht von sich aus an sich gerissen. Wie jedes Kind sehnt sie sich danach, sich bei ihren Eltern entspannen zu können, ihnen die Führung zu überlassen.

Kinder brauchen klare Strukturen, an denen sie sich festhalten und orientieren können. Sie müssen wissen, wo ihr Bereich ist, in dem sie tun und lassen können, was sie wollen. Sie müssen aber auch wissen, wo die Grenzen ihres Bereiches sind, jenseits derer sie den Einfluß und die Wünsche anderer zu respektieren haben. Im Familienhaus gibt es mit der klaren Aufteilung Kinderetage/Elternetage klare Grenzen zwischen den Bereichen. Und es gibt so etwas wie eine natürliche Hierarchie: Eltern oben, denn sie sind die Erfahreneren und sie können (und müssen) die Grenzen abstecken. Kinder unten, denn sie brauchen jemanden, der sie schützt und ihnen zeigt, wo es langgeht.

Diese klare, »gesunde« Raum- und Etagenaufteilung funktioniert ganz automatisch, wenn die Eltern untereinander solidarisch sind. Solidarisch heißt nicht, daß man ständig ein Herz und eine Seele ist. Solidarisch heißt, daß man über unterschiedliche Ansichten offen redet, daß man sich durchaus auch mal darüber streiten kann, wer Recht hat – daß man sich aber in der gemeinsamen Sache einig ist und an einem Strang zieht. Solidarisch heißt vor allem auch, daß man sich nicht mit Dritten verbündet, um sich gegenseitig auszubooten.

Auch auf die Gefahr hin, uns zu wiederholen – der kleinste gemeinsame Nenner der Solidarität eines Paares, das ein Kind hat, heißt: Wir haben die Elternaufgabe »Schützt mich/zeigt mir, wie man lebt«; und die erledigen wir gemeinsam so gut wie möglich. Dafür gibt es das Elternzimmer, und alles andere zwischen uns regeln wir zu zweit im Paarzimmer. Wenn diese Solidarität da ist, dann erlebt das Kind seine Eltern als Menschen, die ihm klare Orientierungshilfen geben bei seiner Suche nach einem Platz in dieser Familie. Einen Platz, der ihm, und nur ihm allein gehört, und an dem es feste Wurzeln ins Leben wachsen lassen kann.

Daß es diesen Platz gibt, auf den man ein selbstverständliches Anrecht hat, ist eine der wichtigsten Lebenserfahrungen, die ein Kind in einem Familienhaus mit klar getrennten Etagen macht. Vor dem Hintergrund dieser Erfahrung kann man akzeptieren, daß es Grenzen gibt. Vor dem Hintergrund dieser Erfahrung kann man sich mit den Ansprüchen auseinandersetzen, die andere an einen richten, ohne das Gefühl zu haben, um seine Existenz kämpfen zu müssen. Vor dem Hintergrund dieser Erfahrung schließlich kann man selbst Wünsche und Bedürfnisse an seine Umgebung äußern, ohne das Gefühl zu haben, sich dafür entschuldigen zu müssen, sich partout durchsetzen zu müssen, oder sich irgendwelcher Tricks oder Manipulationen bedienen zu müssen. Für ein Kind, das in seinem Familienhaus im geschützten Kinderzimmer aufwächst, ist es ganz selbstverständlich, daß Menschen klar und offen miteinander umgehen – und daraus entwickelt es seine Geschichte dazu, »wie man im Leben überlebt«.

Jenny hat in der Wohnung ihrer Eltern ein geräumiges, mit allem ausgestattetes Kinderzimmer. Wenn man ihre Rolle im Zusammenleben mit Stefan und Beate mit Blick auf den Bauplan unseres »Familienhauses« betrachtet, hat sie es nicht. Sie wurde von den beiden in ein Dreiecksverhältnis hinein-, oder besser hinaufgezogen. Wir möchten an dieser Stelle wieder einen psychologischen Fachbegriff einführen, weil er genauer als viele umschreibende Worte eine Konstellation bezeichnet, die für Kinder extrem problematisch ist: Jenny lebt mit ihren Eltern in einer »Triangulation«. Was bedeutet: Die Verbindung zwischen Vater und Mutter läuft über das Kind.

In der Szene beim Griechen, in der wir mit Hilfe der alten Freundin Martina Mäuschen gespielt haben, wurde deutlich, daß offensichtlich einiges unausgesprochen schwelt zwischen Beate und Stefan. Stefan wirkt traurig und resigniert. Beate redet wie eh und je – und vor allem mit ihrer Tochter, weil es ja dauernd Anlaß gibt, sich ihr zuzuwenden. Es ist fast körperlich spürbar, daß zwischen den Eltern kein nennenswerter Energiestrom fließt. Jennys Energie dagegen scheint ständig ein Ventil zu suchen (und zu finden), über das Druck abgelassen wird. Die Wirkung, die sie damit ganz konkret allein an diesem Abend erzielt, ist beachtlich. Mutter Beate ist voll beschäftigt. Vater Stefan ist voll genervt – und kriegt am Ende von Beate noch einen kräftigen Boxhieb dafür, daß er zu dem ganzen nichts sagt.

Und genau da liegt der Schlüssel zum Spiel, das Jenny und ihre Eltern gemeinsam spielen. »Du solltest dem Kind jetzt keine Vorwürfe machen, du weißt doch, wie unsicher es ist …« »Du solltest aber auch mal etwas sagen zu dem, was das Kind da gerade tut.« Die Sätze klingen zwar wie die Sätze einer Mutter, die sich mit dem Vater des Kindes über Erziehungsmaßnahmen auseinandersetzt. In Wirklichkeit sind es schallende Ohrfeigen für einen Partner. Die Worte sollen verletzen, und sind wiederum eine Reaktion auf eine Verletzung durch ihn. Dahinter brodelt eine beiderseitig aufgestaute Flutwelle von Wut und Enttäuschung. Doch Beate und Stefan haben es offensichtlich bisher nicht geschafft, sich anzuschauen, was eigentlich mit ihrer Beziehung los ist.

Ein Kind in der Triangulation hat immer die Funktion, die Eltern von ihren Problemen abzulenken und ihre Schwierigkeiten miteinander umzulenken. Was ganz automatisch heißt, daß dieses Kind in irgendeiner Weise Aufmerksamkeit auf sich ziehen muß. Es muß schwierig sein. Es muß anstrengend sein. Oder es muß Sorgen machen. Wie genau es in diese Aufgabe hineinwächst, hängt immer auch von dem »Energietopf« ab, den Vater und Mutter in die Situation hineinkippen. Im Topf von Beate und Stefan ist einiges an Power – die vor allem von ihr kommt; Stefan steuert eine eher resignierte, traurige Komponente bei. Jenny lädt sich an der Power auf; als Beobachter hat man fast den Eindruck, das Kind stehe ständig unter Strom. Eigentlich tut sie das auch. Denn bei den Auseinandersetzungen, die die Eltern eben nicht miteinander, sondern über das Kind führen, wird Jenny von ihrer powervollen Mutter als Verbündete eingesetzt. Die Boxhiebe, die ihre Mutter in Richtung auf ihren Vater führt, laufen ja, wie wir gesehen haben, über sie.

Einem Kind in der Triangulation fällt immer Macht zu. Es will diese Macht gar nicht; es will vielmehr Eltern, die ihm seinen Platz zuweisen, die ihm als selbstverständliche Beschützer auch seine Grenzen setzen. Wenn ein Kind solche Eltern nicht hat, dann versucht es instinktiv, auszutesten, wie weit es gehen kann. Und je weniger ihm entgegengesetzt wird, je weicher und unklarer seine Eltern mit ihren Grenzen umgehen, desto mehr Macht muß das Kind annehmen. Jenny übt diese Macht aus, indem sie ihre Umgebung bis zur Verzweiflung nervt. Schon beim Besuch im Elternzimmer haben wir den kleinen Dennis kennengelernt. Dennis ist empfindlich, weint viel, und kränkelt leicht. Auch das ist eine frühe Form von Machtausübung. Wobei das Umfeld, in dem Dennis seine Macht einsetzen muß, mehr von leiser Resignation und Rückzug beider Eltern aus ihrer Beziehung geprägt ist – Dennis ist für seine Mutter nicht so sehr Instrument, um seinem Vater eins auszuwischen; sondern er muß ihr Leben auffüllen.

Wenn ein Kind Macht hat, heißt das immer, seine Eltern haben ihm unterschwellig die Verantwortung für ihr Leben und für ihre Beziehung aufs Auge gedrückt. Kein Kind hält das auf Dauer aus, ohne Schaden zu nehmen. Gucken wir nochmal kurz auf den Grundriß des Familienhauses und erinnern uns stichwortartig an die wesentlichen Bausteine fürs Leben, die ein Kind im Kinderzimmer sammelt: das Grundgefühl von Sicherheit und Geborgenheit; das Gefühl, akzeptiert zu werden als die Person, die man ist; die leuchtenden, großen Bilder davon, wie Frauen und Männer sind, und was Liebe ist; das Wissen darum, daß man ein Anrecht darauf hat, da zu sein; die Selbstverständlichkeit, sich offen und klar mit den Menschen in seiner Umgebung auseinandersetzen zu können. Ein Kind, das im Familienhaus in der Etage der Erwachsenen die tragende Rolle spielt, hat kein eigenes Zimmer. Es entwickelt das entspannte Grundvertrauen in sich und in das Leben, mit dem es im Kinderzimmer beschenkt wird, nicht so automatisch. Welche Funktion auch immer ihm in der Geschichte seiner Eltern zugefallen ist – es muß sich wahnsinnig anstrengen, um sich eine Daseinsberechtigung zu verschaffen.

Diese Anstrengung hat eine Auswirkung, die sich relativ kurzfristig bemerkbar macht. Und eine, die sich unter Umständen durch die gesamte Biographie dieses »Kindes« zieht. Die kurzfristig sichtbare Auswirkung der Anstrengung ist – irgendein unübersehbares Symptom. Noch nervt Jenny »nur«. Wenn Jenny weiterhin zwischen ihren Eltern der Umleitungspol für deren Aggressionen gegeneinander bleibt, kann es durchaus sein, daß sie ihre Grenzen nicht mehr nur austestet – sondern richtig schwierig wird.

Es gibt »typische« Symptome von Kindern, die in der Triangulation mit ihren Eltern den Job haben, von deren Problemen abzulenken. Schulangst und Schulverweigerung, Lernprobleme, Bettnässen tauchen häufig bei Kindern auf, die in einem eher von unterschwelliger Traurigkeit, Resignation, Depression bestimmten Dreiecksverhältnis stecken. Jenny lebt in einer von unterdrückter Hochspannung gefütterten Atmosphäre. Eine Konstellation, in der Kinder zum Beispiel extreme »Quälgeister« sein müssen. Der Klassenclown, der verhindert, daß so etwas wie Unterricht stattfindet. Das Prinzen- oder Prinzessinnenkind, das – im wortwörtlichen Sinne – anfängt zu schreien, wenn es seinen Willen nicht kriegt. Je älter ein solches Kind wird, desto provokanter testet es Grenzen aus. Es läßt zum Beispiel im Kaufhaus etwas »mitgehen« oder findet es echt geil, in einer Clique zu sein, die nächtliche Mofa-Crashrennen veranstaltet.

Wenn ein alarmierendes Symptom beim Sohn oder bei der Tochter auftaucht, ist das oft der Anlaß für die Eltern, sich an einen Therapeuten um Hilfe zu wenden – mit dem verzweifelten Wunsch, etwas am Symptom dieses Kindes zu ändern. Daß dieses Symptom eine Funktion hat im Zusammenleben von Mutter und Vater ist eine Erkenntnis, die relativ einsichtig ist, wenn man sie hier liest. Im »wirklichen« Familienleben fällt sie unendlich schwer. Solange man über die Frage nachdenkt »Warum bloß ist dieses Kind so, wie es ist, was haben wir falsch gemacht«, heißt das, das Kind muß sich ändern, und/oder die Eltern müssen irgend etwas an ihren Erziehungsmethoden ändern. Die Fragestellung: »Was war das für eine Situation, in die dieses Kind hineingewachsen ist, die dazu geführt hat, daß es so ist, wie es ist?« geht wesentlich tiefer; sie stellt die gesamte Normalität des Familienlebens in Frage, das sich über Jahre hinweg eingespielt hat.

Bereits im Elternkapitel haben wir das grundlegende Prinzip in Familien erklärt: weitermachen, so lange wie möglich. Hinter diesem Prinzip steckt eine abgrundtiefe Angst davor, etwas zu verändern, was so lange wenigstens halbwegs gut funktioniert hat. Daß es überhaupt so lange funktioniert hat, liegt daran, daß das Kind die »Bauchschmerzen« seiner Eltern angesichts der unterschwelligen Schwierigkeiten gekriegt hat. Sowas schweißt zusammen. Wenn die permanente Dampfkesselsituation nicht »knallt« – zum Beispiel durch ein Symptom, das sich nicht mehr unter den Teppich kehren läßt – dann machen Mutter, Vater und Kind einfach weiter damit. Und weil niemand unterschwelligen Druck über Jahre ertragen kann, richtet sich jeder in einer Nische dieser Familie ein, die nicht direkt im Zugwind ist. Der Witz dabei: Was aussieht wie ein Stück persönliche Freiheit, eine kleine Flucht aus den engmaschigen Banden der Familie, verknüpft diese Familie erst recht miteinander in gegenseitiger Abhängigkeit.

Dreiecksverhältnisse zwischen Eltern und Kind sind echte Bande fürs Leben. Die Eltern, die ihrem Kind einen Job übertragen in ihrem Leben und ihrer Beziehung, bleiben an diesem Punkt ihrer Entwicklung stehen. Und das Kind, das diesen Job übernehmen muß, wird ihn nicht wieder los. Manche Kinder versuchen irgendwann, ihre Eltern loszuwerden; sie werden Rebellen gegen »die Alten«. Sie brechen jeden Kontakt ab, tun so, als gäbe es diese Eltern, diese Familie nicht. Doch das ist nichts weiter als die verspätete Entwicklung eines handfesten Symptoms. Rollen, die einem in der Triangulation zufallen, kann man nicht kündigen. Sie verwachsen mit dem Denken, mit dem Handeln. Ja, wie wir gesehen haben, bestimmen diese Rollen intensiv die Grundeinstellung, die man gegenüber dem Leben entwickelt.

Genau das ist die Langzeitwirkung des Jobs, den man in der Triangulation mit seinen Eltern übernimmt. Jenny aus unserer Geschichte wird mit der Einstellung groß werden, daß man Leute manipulieren muß, um sich durchzusetzen; und daß man dazu mit Verbündeten arbeitet. Denn so hat sie es über ihre Eltern gelernt. Sie kann gar nicht anders – in der Grundkonstellation ihrer Familie hat sie alle »Chancen«, mit der Rückendeckung ihrer Mutter zu einer begabten Leute-Benutzerin heranzuwachsen.

Das Kinderzimmer ist der Raum, in dem ein Mensch leben lernt. Ein Kinderzimmer überhaupt zu haben im Familienhaus seiner Eltern ist der Idealfall – leider auch in modernen Familien noch nicht der Normalfall. Im Idealfall lernt man übers Leben, offen zu sein; man lernt, Respekt und Achtung zu haben vor den Bedürfnissen anderer Menschen; man lernt, sich selbst zu schützen und seinen Standpunkt zu verteidigen. Denn nur, wenn man das kann, ist man in der Lage, auch andere Menschen zu schützen. Wenn wir uns jetzt im Erdgeschoß des Familienhauses dem

Zimmer/den Zimmern der Geschwister zuwenden, hoffen wir, daß dieser letzte Satz sich ganz besonders fest im Hinterkopf einnistet. Er erscheint relativ beiläufig und unspektakulär an dieser Stelle. Doch so beiläufig und unspektakulär lernt man solche zentralen Sätze über das Zusammenleben mit seiner Umwelt, wenn man bei seinen Eltern den Schutz des Kinderzimmers haben durfte.

Übung 4

* Am Ende des Elternkapitels haben wir Sie gebeten, eine Zeichnung zu machen vom Alltag Ihrer Familie; eine Momentaufnahme von ganz konkreten, im Alltag erkennbaren Konstellationen. Schauen Sie sich jetzt noch einmal an, an welcher Stelle Sie dabei Ihr Kind eingezeichnet haben. Hat es in dieser Position die Möglichkeit, zu Ihnen und Ihrem Partner/Ihrer Partnerin gleichermaßen engen Kontakt aufzunehmen? Wenn nicht: Was glauben Sie, steht dem im Wege?
* Wenn Sie sich jetzt als Gedankenspiel vorstellen, das Kind hätte doch eine sehr gute Verbindung zu Ihrem Partner/Ihrer Partnerin, und die beiden wollen ohne sie für ein paar Tage wegfahren – wie wäre das für Sie?
* Mal angenommen, Ihr Urgroßvater feiert seinen hundertsten Geburtstag, und die Familie stellt ihm als Überraschung eine selbstproduzierte Festzeitung zusammen. Jeder muß irgendeinen Beitrag verfassen. Ihre Aufgabe: Unter der Rubrik »Die Jugend heutzutage ...« ein launiges Kurzporträt des jüngsten Ur-Ur-Enkels, Ihres Kindes nämlich, zu schreiben. Was steht da auf jeden Fall drin?

... und noch ein Kinderzimmer: Die Geschwister-Connection

Jedes Kind braucht das Gefühl, Eltern zu haben, die es schützen. Jedes Kind braucht das Gefühl, um seiner selbst willen geliebt zu werden. Jedes Kind braucht das Gefühl, einen Platz zu haben, der ihm ganz selbstverständlich zusteht. Wir haben im vorigen Kapitel beschrieben, wie verzweifelt Kinder versuchen, die Aufmerksamkeit ihrer Eltern zu bekommen – das ist so etwas wie ein automatischer Überlebenstrieb. Genauso automatisch wird ein Kind in seiner Familie zum Rivalen um die elterliche Gunst, wenn sich ein kleiner Bruder, eine kleine Schwester einstellt. Daß Geschwisterliebe angeboren, ja naturgegeben sei, gehört somit ebenfalls in den Bereich der großen Mythen über Familien.

Beim Rundgang durch das Familienhaus haben wir immer wieder darauf hingewiesen, daß unsere Raumaufteilung der Idealfall ist; so etwas wie ein optimaler Nährboden für Menschen, die miteinander und jeder für sich mit seinem Leben, so glücklich wie möglich werden können. Wie gut oder wie unbefriedigend dieser Bauplan in einer Familie realisiert ist, zeigt sich besonders deutlich hier im Erdgeschoß. Ein Kind hat keine andere Möglichkeit, als in die Situation hineinzuwachsen, die seine Eltern in »ihrem« Familienhaus geschaffen haben. Mutter und Vater sind dafür zuständig, daß das Kind den Schutz seines Kinderzimmers bekommt. Das gilt selbstverständlich genauso für jedes weitere Kind. Jedes Kind in einer Familie braucht sein eigenes Kinderzimmer; seinen Platz, an dem es Wurzeln ins Leben wachsen lassen kann.

Die Rivalität unter Geschwistern ist von ihrer Natur her nichts Negatives, im Gegenteil, sie ist sogar beim Lebenlernen eine sehr wichtige Erfahrung. Die Beziehung zu Schwester oder

Bruder ist nämlich im Idealfall immer eine Beziehung auf gleichberechtigter Ebene – was die Beziehung zu den Eltern nicht sein kann, bevor der Elternauftrag »Schützt mich/zeigt mir, wie man lebt« erfolgreich abgeschlossen ist. Man verkehrt mit Bruder und Schwester sozusagen von Zimmernachbar zu Zimmernachbar.

Und das heißt zum Beispiel: Man kann den Nachbarn besuchen, wenn man Lust dazu hat – und lernt, anzuklopfen, bevor man reingeht. Man lernt, daß man den Nachbarn zu sich einladen kann, wenn man Gesellschaft haben möchte – und dann aber zum Beispiel erlebt, daß der gerade keine Lust auf Gesellschaft hat. Wenn man der oder die ältere ist, lernt man, Rücksicht darauf zu nehmen, daß der kleine Nachbar noch nicht alles kann – und hat die wertvolle Möglichkeit, ganz konkret zu erfahren, was es heißt, jemanden zu schützen. Wenn man der oder die jüngere ist, kann man abgucken vom älteren Nachbarn – und macht die Erfahrung, daß es nicht schlimm ist, wenn man manches noch nicht beherrscht, weil diese vermeintliche Unterlegenheit nicht ausgenutzt wird.

Über die gleichberechtigte Auseinandersetzung mit Geschwistern lernt man aber noch etwas, das auf einer sehr viel tieferen, unbewußten Ebene liegt: Man lernt, »anders« zu sein als andere. Man muß es lernen – denn es geht in der Rivalität ja um die Aufmerksamkeit der Eltern. Man will sich absetzen von der Mitkonkurrenz, damit die Eltern einen als eigenständiges Wesen zur Kenntnis nehmen. Es ist ganz normal in Familien mit mehr als einem Kind, daß jedes der Geschwister dabei eine eigene Position sucht.

Was sich tief in die Seele eingräbt als Lehre fürs Leben sind immer die Erfahrungen, die »an die Substanz« gehen. Die Anerkennung der Eltern zu bekommen bedeutet für jedes Kind eine Angelegenheit von allerhöchster substantieller Bedeutung. Das ist einer der wesentlichen Gründe dafür, warum sich Geschwisterbeziehungen soviel tiefer einprägen als jede noch so enge Freundschaft, die ein Kind im Kindergarten oder in den ersten Schuljahren schließt. Es ist von prägend positiver Bedeutung, wenn die Eltern jedem Kind das Gefühl vermitteln: Du mußt dich nicht anstrengen, um unsere Aufmerksamkeit zu bekommen; du bist in Ordnung, so wie du bist. Jene Botschaft, die wir schon im letzten Kapitel als größtes Geschenk der Eltern an den Nachwuchs bezeichnet haben.

Wenn Kinder mit dieser Botschaft aufwachsen, erleben sie die »naturgegebene« Konkurrenz mit Bruder und/oder Schwester nicht als existenzbedrohend. Sie erleben »anders sein« nicht als etwas, das man um jeden Preis bekämpfen muß. Daß da noch jemand ist, der von den Eltern etwas will, verbindet man unter dem wohltuenden Einfluß dieser Botschaft nicht mit dem Gefühl, von Vernichtung bedroht zu sein; und man muß auch den »Konkurrenten« nicht vernichten, um überleben zu können.

Die Geschwister-Connection und die Chancen der einzelnen Kinder in der Familie ist in letzter Zeit des öfteren beschrieben worden. Der grundlegende Blickwinkel, mit dem Beziehungen zwischen Brüdern und Schwestern betrachtet werden, ist dabei meist der der Geburtsfolge – Erstgeborene(r); »Sandwich«kind; der oder die Jüngste. Der Blickwinkel, unter dem wir Familien betrachten, sieht die Geburtsreihenfolge nicht als dermaßen entscheidendes Moment. Bei unserer Sichtweise ist (mit Blick auf den Bauplan des Familienhauses) die Bedeutung interessant, die jedes einzelne Kind in der Beziehung seiner Eltern hat. Denn diese Bedeutung bestimmt die Position, die es im Netzwerk seiner Familie schließlich einnimmt.

Das ältere Kind ist beispielsweise ein Sportfreak, das jüngere verschlingt Bücher wie Kartoffelchips. Was für die Umgebung manchmal absolut erstaunlich ist, nämlich daß Geschwister »sooo« unterschiedlich sein können, ist keine zwingende Folge davon, daß beim zweiten die Gene von Mutter und Vater eben anders gemixt worden sind. Es ist vor allem ein Ausdruck der unterschiedlichen Rolle, die beide im Wettkampf um die Gunst ihrer Eltern spielen. Das ist auch so, wenn die Zimmeraufteilung des Familienhauses optimal ist, die Eltern also ihren »Kram« in ihrer Etage erledigen, und ihre Kinder raushalten. Wir haben im Kinderzimmer beschrieben, wie man sich zu dritt arrangiert. Es ist unvermeidlich, daß sich etwas an der Konstellation verändert, wenn noch jemand dazustößt.

Das hat schon rein praktische Gründe. Der Tag hat nach wie vor 24 Stunden – und die Eltern müssen ihre Zeit jetzt zwischen zwei Kindern verteilen. Das ältere Kind, das die Eltern bisher allein hatte, muß erkennen: Die Zeiten sind für immer vorbei. Das jüngere Kind wächst von Anfang an in eine andere Situation hinein als der ältere Bruder, die ältere Schwester. Es ist immer schon jemand da im Wettstreit um die Liebe der Eltern. Auch im Idealfall des Familienhauses haben Geschwister also nicht exakt die gleichen Startbedingungen, doch im Idealfall ist die Position des jüngeren Kindes nicht besser oder schlechter – sie ist schlicht und einfach anders, weil die Grundvoraussetzungen andere sind.

Es ist Aufgabe der Eltern, jedem Kind »sein« Zimmer zuzuweisen; doch es ist eine Illusion zu glauben, damit herrsche auf der Kinderetage automatisch eitel Frieden und Sonnenschein. Wir sagten bereits, daß automatische Geschwisterliebe in den Bereich der großen Familienmythen fällt. Geschwister sind zunächst mal Konkurrenten. Um sich lieben zu können, müssen Territorialstreitigkeiten ausgetragen werden. Das Gefühl der Sicherheit im eigenen Zimmer wird, unabhängig davon, daß die Eltern dieses Gefühl weiterhin vermitteln, durch die Geburt eines Bruders oder einer Schwester immer erschüttert. Um es wiederherzustellen, muß ein Kind lernen, sich von den Geschwistern abzugrenzen. Dazu gehört immer auch, die gegenseitigen Reviergrenzen festzulegen – Rangelei um den Platz, den jeder im Zuhause dieser Familie einnimmt, ist also unvermeidlich.

Diese Grenzstreitigkeiten fallen in der Regel relativ milde aus, wenn sie zwischen einem Jungen und einem Mädchen ausgetragen werden – anders zu sein, und sich in der Konkurrenz um die Gunst der Eltern zu unterscheiden, ist durch die Andersartigkeit der Geschlechter kein so großes Problem. Sich gegenseitig einen Platz zuzugestehen ist auch relativ einfach, wenn der Altersunterschied zwischen den Geschwistern so groß ist, daß der/die Ältere schon seine festen Wurzeln im Leben hat, und sich in seiner/ihrer Position nicht mehr bedroht fühlen muß vom kleinen Nachzügler – das heißt, wenn zehn, zwölf, vierzehn Jahre oder mehr zwischen den Geschwistern liegen. Bei gleichgeschlechtlichen Kindern, die nur wenige Jahre trennen, geht es dagegen naturgemäß im Rivalitätskampf um sehr viel – und darum durchaus heftig zur Sache. Jeder/jede versucht, der/die erste zu sein. Und das gibt Zoff!

Diese Auseinandersetzungen sind eine Angelegenheit der Kinderetage – der Satz ist uns sehr wichtig. Es ist eine fürs Leben ausgesprochen wertvolle, ja prägende Erfahrung für ein Kind, sich seinen Platz unter den Geschwistern selbst ausgehandelt zu haben. Eine Erfahrung, die ein Gefühl von Stärke und Sicherheit vermittelt, und über die so etwas wie eine grundlegende Solidarität unter den Geschwistern wachsen kann. Das funktioniert nur, wenn die Eltern sich nicht einmischen. Noch einmal, und ganz deutlich: Es ist nicht Aufgabe von Vater und Mutter, in das Positionsgerangel der Kinder einzugreifen. Die Schutzseite ihres Elternauftrages beinhaltet, daß sie als Schiedsrichter ihre Meinung kundtun, wenn sie denn von einer Seite aus der Kinderetage um eine Meinung gebeten werden, und daß sie bei massiven Fouls die gelbe Karte zeigen. Die »Zeig mir wie man lebt«-Seite beinhaltet aber ganz klar, den Kindern das Gefühl zu vermitteln, daß ihre Eltern ihnen zutrauen, die Sache unter sich zu klären.

Die Rivalität mit ihren Geschwistern ist für Kinder ein Modell, an dem sie, was ganz wichtig ist, den gesunden Umgang mit Aggressionen lernen können – den eigenen und den von anderen. Sie ist darum so besonders wichtig, weil Aggressionen ein Teil des Lebens sind. Ein gesundes Verhältnis dazu kann man nur auf einer gleichberechtigten Ebene entwickeln. Die aus der Sicht eines Kindes gigantisch überlegenen Eltern können und müssen selbstverständlich das Grundgefühl dafür vermitteln, daß es nichts Schlimmes ist, unterschiedlicher Meinung zu sein, daß man sogar unterschiedliche Interessen haben kann, und sich trotzdem gegenseitig akzeptiert. Doch wir haben bereits in den letzten beiden Zimmern beschrieben, daß sich ein Kind nicht wehren kann gegen das, was seine Eltern ihm vorleben und ihm vermitteln. Es ist von ihnen schließlich in jeder Hinsicht, physisch und psychisch, total abhängig.

Zwischen Geschwistern besteht kein naturgegebenes Abhängigkeitsverhältnis. Gegen Geschwister kann man sich wehren. Vieles davon spielt sich auf einer unbewußten Ebene ab. Doch das spiegelt sich selbstverständlich auch ganz konkret – bis hin zu handfesten, lautstarken Streitereien und handgreiflichen Raufereien. Wenn Eltern sich sofort und selbst in einfachsten Fällen wie »Gib deinem Bruder auf der Stelle die Bauklötze wieder« oder »Laß deine Schwester doch auch mal mit dem Gameboy spielen« einmischen, greifen sie damit massiv in das Kräfteverhältnis zwischen den Kindern ein. In dem Moment, in dem Eltern in die Rivalität der Geschwister intervenieren, stellen sie ihre gigantische Überlegenheit auf eine Seite und bremsen damit alles aus, was sich natürlich entwickeln könnte.

Zugegeben – es passiert sogar in den, pardon, »besten«, nach dem Bauplan unseres Familienhauses optimal eingerichteten Familien, daß Eltern den Streit ihrer Sprößlinge nur zu gern unterbrechen würden. Das liegt schlicht und einfach auch daran, daß es unglaublich nervt, zwei Kinder um sich zu haben, die sich um Legoklötze oder einen Gameboy streiten. Aber im Sinne des Familienhauses wäre es zum Beispiel eine gute Lösung, die unangenehme Situation dadurch zu beenden, daß Mutter oder Vater sagt: »Hört zu, wenn ihr euren Kram nicht anderes regeln könnt als euch so laut zu kloppen – bitte sehr, aber nicht hier, ihr geht mir nämlich damit auf den Geist.« Damit wird die Auseinandersetzung nicht automatisch gestoppt. Wenn Eltern frühzeitig Aggressivität zwischen den Kindern unterbinden, kann keines dieser Kinder ein Gefühl dafür entwickeln, wie weit man gehen kann. Sprich: Ab wann es im härtesten Fall wirklich weh tut. Wenn Kinder solche Erfahrungen auf ihrer (durch die Eltern als wirklich nur Notfalls-Schiedsrichter) geschützten Kinderebene machen, lernen sie sehr schnell, daß man sich selbst und andere schützen muß vor bestimmten Grenzüberschreitungen.

Wie gesehen: Selbst bei Eltern, die ihr Familienhaus optimal eingerichtet, ihr Leben und ihre Beziehung im Griff haben, wäre zum Beispiel Genervtheit ein Grund, in die Geschwisterbeziehung massiv einzugreifen. Doch wovon hier jetzt die Rede sein wird, sind elterliche Interventionen mit anderem Hintergrund – und die sind, wir müssen es ein weiteres Mal sagen, eher der

Normalfall als die Regel. Ein naheliegender und nur allzu verständlicher Grund, sich in die Kinderebene einzumischen, ist: Angst. Angst davor, daß einem Kind etwas passieren könnte. Angst davor, daß die Aggressionen überhand nehmen könnten, wenn man nur eine Sekunde nicht hinguckt. Und damit sind wir schon wieder mitten drin in Familienhäusern, die alles andere als optimal aufgeteilt sind.

Wenn Mütter und Väter nicht wollen, daß sich ihre Kinder streiten, hat das sehr oft mit ihrer eigenen Angst vor Auseinandersetzungen zu tun. Wir sind beim Rundgang durch das Familienhaus bisher noch in jedem Zimmer darauf gekommen – warum sollte das hier in der letzten Station unseres Besuches anders sein ...: Eltern, Paare, Männer und Frauen, je nachdem, in welchem Zimmer des Hauses man sich befindet, verwenden eine ungeheure Energie darauf, sich nicht offen auseinandersetzen zu müssen. Eltern, Paare, Männer und Frauen verwenden auch eine ungeheure Energie darauf, Dinge »hintenrum« zu beeinflussen. Wir haben im letzten Zimmer davon gesprochen, daß sich in dem/den Kinderzimmern des Familienhauses Erfahrungen weitergeben, die Mutter und Vater zum Teil schon von ihren Eltern mitgebracht haben. Wenn man selbst niemals erlebt hat, daß Auseinandersetzungen nichts Schlimmes sind, sondern ein Motor des Lebens, wenn man selbst niemals ohne Streß, mit ruhiger Selbstverständlichkeit in seiner Familie ein Gefühl dafür entwickelt hat, seine Position gegen die von Konkurrenten abzugrenzen – dann fällt es unendlich schwer, seinen Kindern dieses Gefühl zu vermitteln.

Wir haben im letzten Kapitel auch von Triangulation gesprochen – von der Einbindung eines Kindes in die Probleme seiner Eltern. Ein Kind, das für seine Eltern etwas erledigen muß, kann seine Position in der Familie nicht selbst suchen. Es kann auch seine Position gegenüber Geschwistern nicht selbst bestimmen. Mag sein, daß es fallengelassen wird, sobald die jüngere Schwester, der jüngere Bruder da ist. Mag sein, daß es automatisch die Rolle des Beschützers gegenüber dem Nachwuchs übernehmen muß, weil diese Rolle im Verhältnis der Eltern nicht besetzt ist. Es ist immer genauso hilflos wie der Bruder, die Schwester.

Der Torjäger

»Ey, nun gib doch ab.« Wer war das? Ach, nein ... Der dicke Karlo! »Gib ab, verfluchte Hacke ...« Was der immer will; der ist doch sowieso zu lahm, um am Ball zu bleiben, wenn der denn mal zufällig bei ihm landet. Michael entschloß sich, nichts zu hören. Er hatte zwei gegnerische Abwehrspieler ausgetrickst. Er hatte dieses Gefühl im rechten Fuß. Er rannte auf das Tor zu. Er wußte es genau. Niemand, niemand, niemand konnte ihn mehr stoppen. Er zielte auf die linke obere Torecke. Es war wie ein Rausch. Das Gefühl vom Leder, als er den Ball trat. Das Gesicht von Atze, der sich zwischen den Pfosten wie blöd nach vorn warf. Tor. Toor. Tooooooor.

Michael rannte aus, stemmte die Fäuste in die Seiten, beugte sich tief nach unten und rang um Atem. Er fühlte die Hände, die ihm auf den Rücken klopften. »Super, ey.« »Klasse gemacht«. »Boh, ey, du bist echt klasse«. Er schloß die Augen, träumte sekundenlang seinen altvertrauten Traum ... Achtzigtausend im Stadion. Die neunundachtzigste Minute. Der Treffer, der die Meisterschaft rettet, Sekunden bevor alles aus ist. Die Ränge toben; ein Schrei wie aus einer einzigen Kehle ... Michael atmete tief durch und richtete sich auf. Atze lehnte an dem Holzpfosten, der die linke Torlatte markiert. Die Arme verschränkt, wies er mit dem Kinn in eine Richtung über Michaels rechter Schulter. »He, Mister Superkicker. Da kommt deine Mutter ...«

Bitte nicht, dachte Michael, als er sich langsam umdrehte. Aber da war sie, leibhaftig und in Person. Er kannte und fürchtete diesen Ausdruck bei ihr. Sie hatte die Klamotten an, die sie, wie sie immer wieder entschuldigend erklärte, auf offiziellen Terminen tragen mußte. Statt Jeans und T-Shirt: graues Kostüm und Pumps. Ihre Hände waren in den Taschen der Jacke vergraben. Und ihre Augen hatten wieder mal diesen Ausdruck, der Michael nur zu vertraut war. Seine Mutter wartete nicht an der Seitenlinie. Sie kam direkt auf ihn zu. »Hier bist du also«, rief sie quer über den Platz, lange bevor sie ihn erreicht hatte. »Und ich suche dich die ganze Zeit ...«

Michael traute sich nicht, zu seinen Kumpels rüberzugucken. Es war oberpeinlich, mit dreizehn seine Mama auf dem Kickplatz zu haben. »Ich bin so enttäuscht«, sagte Michaels Mutter, als sie neben ihm stand. »Ich hatte dich doch gebeten, dich um deine Schwester zu kümmern. Merkst du denn nicht, wie schlecht sie im Moment drauf ist?« Michael versuchte, so cool wie möglich zu reagieren, denn er spürte zehn Augenpaare auf seinem Rücken. »Mit neun ist jeder schlecht drauf«, sagte er und probierte ein Grinsen. Seine Mutter quittierte das mit einem nervösen Stirnrunzeln und wischte mit der Hand über ihre Jacke, als wollte sie Michaels Satz wegbürsten.

»Deine Schwester sitzt zu Hause und weint«, sagte sie, und es klang für Michael irgendwie triumphierend, »sie sagt, du hättest ihr versprochen, daß du heute nachmittag irgendwas mit ihr unternimmst.« Sie sah ihren Sohn vorwurfsvoll an. Michael holte tief Luft und wollte gerade zu einer Erklärung ansetzen, wie wichtig dieses Spiel doch gewesen sei und überhaupt … Doch seine Mutter hatte sich schon wieder zum Gehen umgedreht. »Ich bin echt traurig«, sagte sie über ihre Schulter hinweg, »ich hatte wirklich gedacht, daß du mehr Verständnis für Kathrin aufbringen könntest.« Michael blieb die Erwiderung im Halse stecken. »Und jetzt muß ich zu meinem Termin mit miesem Gefühl gehen«, fügte seine Mutter hinzu. Sie ging ein paar Schritte, drehte sich dann noch einmal um. »Gehst du dann jetzt bitte nach Hause zu deiner Schwester?« fragte sie und es schwang ein Seufzer mit.

Michael hatte den Kopf gesenkt und guckte nicht auf. Was sollte er tun? Sie hatte ja eigentlich recht, und doch war er so sicher gewesen, daß sie ihm sein wichtiges Spiel lassen würde. Er drehte sich um. Als er aufschaute, blickte er in die feixenden Gesichter von Atze und Karlo. »Na, du Lothar Matthäus, du«, griente Karlo, dieser dicke kleine Kloß. »Ist doch echt schade, daß wir jetzt nach Hause müssen, oder?«

Wer seinem Kind das eigene Zimmer zugesteht, erkennt es von Anfang an als unabhängige Persönlichkeit an – das haben wir im vorigen Kapitel bereits erwähnt. Eine unabhängige Persönlichkeit hat das Recht, Dinge, die man zu gerne von ihr hätte, nicht zu wollen; sie hat auch das Recht, eine Bitte abzuschlagen. Michael hat gar keine Chance, irgend etwas abzulehnen. Seine Mutter ist »so traurig«, daß er seine Schwester nicht mit zum Fußballspiel genommen hat; und seine Schwester ist erst recht traurig, weil er sich nicht um sie kümmert. Michael kann sich nur schuldig fühlen. Wie er es auch dreht und wendet – durch die Darstellung der Mutter wird er immer in die Rolle des älteren Bruders gedrängt, der seine Verantwortung für die kleine Schwester schmählich vernachlässigt.

Was in Michaels Familienhaus ganz offensichtlich ist: Meinungsverschiedenheiten in der Kinderetage bleiben nicht Angelegenheit der Geschwister; sie werden von den Eltern, oder sagen wir in diesem Fall besser von der Mutter, zur Chefsache erhoben. Die Situation »Tochter kommt weinend angelaufen, weil der Bruder sie nicht mit zum Spielen nimmt« gehört ganz und gar nicht zu den vorhin erwähnten Fällen, in denen Eltern als Schiedsrichter gebraucht werden. Die Mutter hätte zur Tochter zum Beispiel sagen können: »Na, hör mal, mit dreizehn hat man ja manchmal andere Interessen als mit neun, versuch das doch zu verstehen.« Oder sie hätte sagen können: »Also, meine Liebe, du bist wirklich alt genug, um die Sache selbst mit deinem Bruder zu klären.« Eine weitere Möglichkeit wäre gewesen, vor dem Spiel zu Michael zu gehen und zu sagen: »Ich weiß, du hast keinen großen Bock drauf – aber du würdest mir echt einen großen Gefallen tun, wenn du deine Schwester nachher mitnimmst.« Das wäre zwar immer noch eine Einmischung in die Kinderetage gewesen – aber eine offene und für ihren Sohn durchschaubare. Eine Einmischung, die ihm die Möglichkeit gegeben hätte, darauf zu reagieren.

Offenheit und Klarheit – wir sind jetzt in allen Zimmern des Familienhauses gewesen und jedesmal wieder auf diese Zauberworte gestoßen. Offenheit und Klarheit bilden das Lebenselixier für Beziehungen; Offenheit und Klarheit bringen eine Familie immer wieder in ein lebendiges Gleichgewicht. Eine im Sinne unseres Familienhauses intakte Familie zeichnet sich durchaus nicht dadurch aus, daß alle immer fürchterlich nett und verständnisvoll miteinander umgehen. Sie zeichnet sich dadurch aus, daß jeder sagt, was er vom anderen will, und auch mal offen meckert, wenn ihn etwas stört. Die kleine Szene, die wir auf dem Fußballplatz miterlebt haben, deutet unübersehbar darauf hin, daß in Michaels Familie längst nicht alles so klar und offen läuft. Die kleine Schwester ist sauer auf ihn – redet aber nicht direkt mit ihm darüber, sondern läuft ganz automatisch zur Mama und weint ihr etwas vor. Mutter geht für sie zu Michael – und drischt ihm mit »Wir sind beide so traurig« die geballte Mutter-Tochter-Connection um die Ohren. Jemandem vorzuhalten, daß er einen traurig mache, ist kein offener Vorwurf. Sondern, hart gesehen, emotionale Erpressung. Michael muckt dagegen nicht auf. Er läßt sich erpressen, denn er fühlt sich selbst schuldig – und ist dadurch vollkommen machtlos.

Es gibt kaum etwas grausameres als dieses Kleinstkindergefühl »Man ist ausgeliefert« nicht loszuwerden – außer vielleicht, sich dessen auch noch vor versammelter Fußballmannschaft bewußt werden zu müssen. Michael ist dreizehn und in der Pubertät. Er hat bisher in seiner Familie nicht lernen können, seinen Standpunkt zu vertreten, seinen Platz zu behaupten. Seiner Schwester geht es allerdings auch nicht besser. Sie ist zwar in der Geschwisterkonstellation auf den ersten Blick der Boß – aber nur, weil ihre Mutter ihr die Macht dazu gibt. Auch sie hat keine Erfahrungen damit gemacht, wie man sich offen durchsetzt. Sie hat mit ihren neun Jahren lediglich sehr gut gelernt, wie man anderen hintenrum seinen Willen aufdrückt – und daß Tränen und Schwäche die besten Hilfsmittel sind.

Um Mißverständnissen vorzubeugen: Es ist nicht grundsätzlich verkehrt und schädlich, wenn eine Mutter (oder ein Vater) sich auf die Seite eines Kindes stellt und es gegen das andere unterstützt. Es gehört im Gegenteil zur schützenden Seite des Elternauftrages, eine Neunjährige, die im vorpubertären Gefühlschaos nicht weiß, wo es langgeht, in den Arm zu nehmen, ihr auch mal gegen den Bruder den Rücken zu stärken. Aber, und dieses Aber kann man eigentlich nicht groß genug schreiben: Parteinahme der Eltern ist nur dann förderlich und schützend, wenn unterm Strich beide (alle) Kinder in den Genuß kommen; wenn also nicht ständig die gleichen Bündnisse bestehen bleiben, sondern die Situation von Fall zu Fall entschieden wird.

Was heißt: Es ist völlig in Ordnung, wenn eine Mutter sich wie eine Löwin vor ihre Tochter wirft. Wenn diese weibliche Solidarität bei nächster Gelegenheit auch wieder davon abgelöst wird, daß die Mutter den Sohn gegen die Nervereien der Tochter in

Schutz nimmt, die mal wieder besonders unerträglich sind. Im Gesamtbild der Familie wäre es sogar in Ordnung, wenn die Mutter auf den Fußballplatz käme, um ihren Sohn anzumachen, weil er die Schwester versetzt hat – wenn es zum Beispiel gleichzeitig einen Vater gäbe, der sagt, du, mein Sohn, von Mann zu Mann, die Weiber spinnen mal wieder, laß uns am Wochenende irgendwas ohne die machen.

Mit Blick auf das Familienhaus schwebt in einer solchen Familie immer das Gefühl im Hintergrund, daß die Unterstützung der Eltern »von oben« kommt – aus einer Erwachsenenetage, wo Mutter und Vater ihr Ding gemeinsam durchziehen. Auch wenn sie gerade mal nicht einer Meinung über die Geschwisterlage sind, lassen sie sich gegenseitig machen, was sie für richtig halten. Während grundsätzlich allen Beteiligten klar ist, daß Probleme in der Kinderetage unter den Kindern, Probleme in der Erwachsenenetage unter den Erwachsenen gelöst werden.

In einer Familie, in der offen miteinander verhandelt wird, ist kein Kind so hilflos, wie wir Michael auf dem Spielplatz erlebt haben. So hilflos fühlt ein Kind sich nur, wenn es nicht mit dem Gefühl lebt, daß die Eltern die Unabhängigkeit seiner Persönlichkeit achten. Wenn es, mit anderen Worten, in einer Familie üblich ist, daß von seiten der Eltern immer wieder und ganz selbstverständlich die Grenzen zur Kinderetage respektlos übergangen werden.

Wir haben im vorigen Kapitel darüber gesprochen, wie ein Kind in der Triangulation automatisch eingebunden wird in eine Beziehungslücke der Eltern – und dadurch irgendeinen »Job« bekommt. Nun ist es durchaus nicht so, daß ein jüngeres Kind in dieser Familie nicht jobben müßte, weil die Stelle ja schon besetzt ist. An der Grundkonstellation – Eltern haben miteinander Probleme und spannen den Nachwuchs ein, um diese Probleme zu umgehen – ändert die Geburt eines weiteren Kindes nämlich nichts. Solange Mutter und Vater sich nicht daran machen, ihre Beziehung und ihr Leben auf eine klare, offene Grundlage zu stellen – solange wird jedes Kind eingewoben in ein Familiennetzwerk, das von seinem Grundmuster her auf die Bedürfnisse der Erwachsenenetage ausgerichtet ist. Und solange muß jedes

Kind in der Geschwisterfolge in irgendeiner Form dafür sorgen, daß es »denen da oben« besser geht.

Auch dieses müssen wir hier noch einmal wiederholen: Eltern setzen ihre Kinder nicht bewußt in Rollen ein. Sie unterbinden nicht bewußt, daß Kinder untereinander ihre Positionen ausfechten können, geben dem einen nicht bewußt Macht, machen das andere nicht bewußt hilflos. Kinder spiegeln das Unbewußte ihrer Eltern, haben wir gesagt. Und sie spiegeln das Unausgesprochene in der Beziehung von Mutter und Vater. Was das heißt, wird besonders deutlich an den unterschiedlichen Positionen, die Geschwistern von ihren Eltern zugeschrieben werden.

Im Kinderzimmer haben wir gesehen, daß die Rollen von Kindern in der Triangulation unterschiedlich ausfallen, je nachdem, ob von beiden Eltern Power kommt – oder ob einer von beiden resigniert hat und bereits in die Ecke gedrängt wurde. Wenn zwei Powertypen sich auf dem Umweg über die Kinder bekämpfen, werden Geschwister häufig zwischen den Eltern »aufgeteilt«. Zum Beispiel: Das erste Kind gehört Ihr, das jüngere Ihm – was für die Geschwister bedeuten kann, daß sie stellvertretend für »ihren« jeweiligen Elternteil miteinander darum kämpfen müssen, wer besser, klüger, netter, raffinierter ist. Wenn die Geschwister Junge und Mädchen sind, sieht die Konstellation mit den Eltern auch häufig so aus, daß die Tochter zur angebeteten Prinzessin des Vaters wird, der Sohn zum bewunderten Thronfolger der Mutter – mit der Konsequenz, daß beide für »ihren« Elternteil so etwas wie der jeweils bessere Partner, die bessere Partnerin sein müssen.

In solchen Familienkonstellationen ist jede Menge Energie vorhanden. Die Kinder kriegen Rückendeckung von »ihrem« Elternteil; und ihnen wächst beiden Macht zu. Wie bei allen Machtkindern ist das eine geliehene Kraft, die verhindert, daß ein Kind feste, eigene Wurzeln ins Leben entwickelt. Sollte in diese Familienkonstellation ein drittes Kind geboren werden, kann diese Macht ganz schnell auch wieder entzogen werden – das jüngste kriegt dann zum Beispiel die Powerposition aufs Auge gedrückt, weil sich beide Eltern auf das Nesthäkchen stürzen. Oder das jüngste ist endlich ein Mädchen oder endlich ein

Junge und wird in dieser Eigenschaft sofort ans väterliche oder mütterliche Herz gerissen – als langersehnte/r Ersatzpartner/in; vielleicht auch als langersehnte/r Geschlechtsgenosse /genossin im Kampf gegen die gegnerische Übermacht.

In Michaels Familie gibt es eine eindeutige Machtachse von Mutter zu Tochter. Der Junge, obwohl der ältere, ist dagegen machtlos. Die Frauenpower ist neun Jahre lang gewachsen; und die Konstellation in der Familie und zwischen den Geschwistern felsenfest gefügt. Männerpower ist offensichtlich nicht angesagt. Das gibt einen Hinweis auf die Beziehung der Eltern. Der Vater tritt weder in Partnerschaft noch Familie als ernstzunehmender Faktor in Erscheinung, denn sonst sähe die Situation anders aus, hätte sich die Mutter-Tochter-Koalition nicht mit so überwältigender Macht entwickeln können.

Bei Paaren, die über Jahre unterschwellige Probleme miteinander haben, erstarren beide entstehende Parteien in ihren Kampfpositionen. All das, was sich unausgesprochen inzwischen zu einem staubigen Klumpen unter dem Teppich zusammengeballt hat, macht mürbe. Eine sehr häufig auftauchende Konstellation, in der sich langjährige Ehepaare einrichten: Wenn Beziehungen »schlafen«, das Kind/die Kinder längst zum einzigen lebendigen Inhalt der Verbindung geworden ist, zieht sich einer der Partner irgendwann frustriert zurück. Derjenige, der emotional die größere Macht hat, kann dann, übertragen aufs Familienhaus, in Paar- und Elternzimmer schalten und walten, wie er will. Was heißt: Der »Sieger« zieht bei den Kindern die Fäden, bekommt sie als Hausmacht, die im Dienste des unterschwelligen Stellungskrieges in der Beziehung je nach Bedarf eingesetzt werden kann. Als Nervfaktor (die Kinder sind wirklich nicht zu bändigen, kümmer du dich doch auch mal darum), als Sorgenmacher (die Kleine gefällt mir überhaupt nicht in letzter Zeit; die älteren müssen sich einfach mehr um das Mädchen kümmern, wenn es schon ihr Vater/ihre Mutter nicht tut), als Vorzeigeobjekt (siehst du, so entwickelt sich ein anständiger Mann/eine tolle Frau) bzw. (siehst du, Männer/Frauen sind eben sogar schon als Kinder so).

Die (in Klammern angeführten) Botschaften an den Partner

werden in einer Familie selbstverständlich niemals so ausgesprochen. Diese Botschaften werden von den Kindern gelebt. Durch die Rollen, die sie für Mutter oder Vater übernehmen, bringen sie die Nachricht an den jeweiligen Adressaten und füllen gleichzeitig die Lücke auf, die sein/ihr Nichtvorhandensein in die Beziehung geschlagen.

Jede unterschwellig zugewiesene Rolle, in die ein Kind hineinwachsen muß, entwickelt eine enorme, ja, lebenslange Macht. Da weder Eltern bewußt ist, daß sie irgendwelche Rollen verteilen, noch Kindern, daß sie sie spielen müssen, erscheinen solche Konstellationen den Beteiligten oft wie ein unsichtbares Fangnetz, aus dem es einfach kein Entkommen gibt. Eine Mutter sagt ja beispielsweise nicht, »Du, Sohn, ich bin traurig, mach mich glücklich.« Denn wenn es jemals ausgesprochen würde, wäre klar, was läuft. Und der Sohn könnte antworten: Nein, Mama, danke, im Moment keinen Bock. Oder: Okay, ich sehe, du bist traurig, kann ich irgend etwas für dich tun?

Dann wäre dieser Sohn ein freier Mensch, würde aus freiem Willen handeln – und zum Beispiel als Erfahrung fürs Leben mitnehmen, daß man Menschen, die traurig sind, aufmuntern kann. Aber er würde auch die Erfahrung mitnehmen, daß man nicht gezwungen werden kann dazu. Und das ist der große Unterschied zwischen Kindern, die ein Kinderzimmer im Familienhaus haben, und Kindern, die auf der Elternetage arbeiten müssen: hinter der unausgesprochenen Rollenzuweisung steckt ja die Auflage: »Wenn du mich nicht glücklich machst, dann kriegst du meine Liebe und Anerkennung nicht.« Mit dieser Auflage kann ein Kind gar nichts Anderes tun, als pausenlos zu versuchen, seine Mutter glücklich zu machen. Und dann wächst dieser Sohn heran mit dem Gefühl der Machtlosigkeit. Er reimt sich mit diesem Gefühl im Untergrund seine Geschichte davon zusammen, wie man im Leben »überlebt« (siehe Kapitel Kinderzimmer): Frauen versuchen immer, einen zu zwingen, sie glücklich zu machen – aber man kann sich vor ihnen schützen, wenn man ihnen einfach nicht alles gibt, was man hat, sondern ein Stück zurückbehält – und das gibt man einer anderen, die dann natürlich auch nicht alles kriegt …

Über die Rolle, die Kinder in ihrer Familie haben, wird auch ihr zukünftiges Selbstverständnis als Mann oder als Frau geprägt. Sind zwei Geschwister Junge und Mädchen, dann ist die Rollenverteilung zwischen den beiden immer auch ein Ausdruck dessen, was ihre Eltern ihnen als Modell für Mannsein und Frausein in einer Beziehung vorleben. Um kurz bei dem vorhin erwähnten, »traditionellen« Beispiel (Sohn hat von der Mutter den Auftrag, ihr die Sterne vom Himmel zu holen) zu bleiben: Wenn eine Mutter ihrem Sohn eine solche Rolle zuweist, empfindet sie ihre Beziehung zum Partner mit Sicherheit nicht als besonders glücklich. Der Tochter fällt in dieser Familienkonstellation automatisch eine passivere Rolle zu. Eine Rolle, in der sie unter anderem lernen wird, daß Männer dafür zuständig sind, daß es Frauen gut geht. In der sie aber auch lernen wird, daß Männer diese Aufgabe nie zur hundertprozentigen Zufriedenheit der Frauen erfüllen - wie es ihr Vater und ihr Bruder vorleben.

Wir haben dieses Beispiel bewußt plakativ vereinfacht, um das Muster deutlich zu machen, nach dem Geschlechterrollen in Familien weitergegeben werden. Modernen Eltern, Müttern und Vätern von heute liegt in der Regel sehr viel daran, daß ihre Kinder nicht in diese klassischen Rollen hineinwachsen. Töchter sollen starke, selbstbewußte, unabhängige Frauen werden – Söhne einfühlsame, verantwortungsbewußte Männer. Doch solche starken Frauen und Männer wachsen nicht einfach so auf dem Nährboden einer Familie heran. Was auch immer Mutter und/oder Vater ihnen bewußt vermitteln wollen – Kinder überprüfen es immer anhand der unausgesprochenen Gefühle, die dahinterstehen. Dann richten sie ihr Modell an dem aus, was emotional stärker wirkt – und das ist immer das »echte« Gefühl.

Michaels Mutter ist eine Frau, die weiß, was sie will; die im Beruf steht, stark ist. Sie will, daß auch ihre Tochter stark ist, und sie will, daß ihr Sohn nicht nur an sich denkt, sondern sich um andere kümmert, sich seiner Verantwortung für die Gefühle seiner Umgebung (und ganz besonders der Frauen) bewußt ist. Das ist jedenfalls, was sie bewußt und aus nur allzu verständlicher, guter Absicht anzielt. Was sie dagegen mit ihren Kindern lebt, zum Beispiel in der Szene, die wir beobachtet haben, ist etwas anderes.

Ein Kind wächst mit dem sicheren Wissen auf, stark zu sein, unabhängig zu sein, wächst auf mit der Selbstverständlichkeit, daß man andere Menschen, auch und vor allem die Menschen, die man liebt, achtet und schützt – wenn es in seinem Kinderzimmer selbst geachtet und geschützt wird. Das erlebt es automatisch und fast nebenbei, wenn die Eltern sich gegenseitig achten und schützen. Denn dann achten und schützen sie auch ihre Kinder – und achten deren Anliegen, sich auf ihrer Kinderetage selbst zurechtzuwursteln mit den Geschwistern. Mal abgesehen von allen bewußten und noch so guten Absichten – auf Dauer und über die Jahre können Mütter und Väter mit ihren Kindern immer nur so umgehen, wie sie auch im Alltag miteinander umgehen.

Irgendwann in der inzwischen schon langen Geschichte ihrer Beziehung hat Michaels Mutter ihren Partner, seinen Vater, beiseite gedrängt. Und der hat sich, auch das gehört zu dieser Geschichte, verdrängen lassen. Sie hat das Sagen in der Beziehung – und im Elternzimmer des Familienhauses. Er überläßt ihr das Feld und die Macht. Wir wollen hier keine großen Vermutungen darüber anstellen, welche Gefühle in der Beziehung der Eltern nach all diesen Jahren vorherrschen. Ganz tief unter der Oberfläche wird Enttäuschung sein; wird bei ihr die unerfüllte Sehnsucht sein nach einem Mann, der sich kümmert; wird bei ihm die unerfüllte Sehnsucht nach Anerkennung sein.

Die Kinderetage ist das Bindeglied zwischen dem Familienhaus, das Kinder bei ihren Eltern bewohnen, und dem Haus, das sie einmal selbst aufbauen werden. (Oder auch nicht aufbauen werden – auch das kann eine konsequente Umsetzung dessen sein, was Eltern ihrem Kind vorgelebt haben.) Hier sammelt man das emotionale Erbe, das man mitnimmt ins Leben. Michael ist in eine Rolle hineingewachsen, in der er immer wieder sein Gesicht verliert und gedrängt wird, etwas zu tun, was er gar nicht will. Denn seine Mutter, die in dieser Familie die alleinige Macht im Elternzimmer hat, verknüpft ihre Liebe und Anerkennung für den Sohn mit Bedingungen, zum Beispiel, daß er sich verantwortlich fühlen muß dafür, wie es anderen, auch seiner Schwester, geht.

Ein Teil des Erbes, das er mitnehmen wird, ist die hilflose Wut, die geballte Faust in der Tasche und das Gefühl, daß man sich zumindest an der Oberfläche den Wünschen der Frauen-Mafia um sich herum beugen muß. Seine Schwester wird als Erbe das Gefühl mitnehmen, daß man Männer immer dazu bringen muß, etwas zu tun – und als Unterton wird dabei mitschwingen, daß Männer letztendlich dafür verantwortlich sind, wie es einer Frau geht. Ein Familienerbe, das meilenweit entfernt ist von dem, was die Mutter ihnen eigentlich vermitteln wollte, und sehr nah dran an ihren eigenen Gefühlen.

Genauso unterschwellig nehmen die beiden aber auch noch ein anderes Erbe mit; ein Erbe, das ihre Beziehung zueinander unter Umständen ein Leben lang beeinflussen wird. Beide müssen ihre Rollen in der Familie für die Eltern, für die Mutter spielen – ohne zu wissen, daß sie für diese Rollen arbeiten. Sie haben so gut wie keine Gelegenheit, sich auf gleichberechtigter Ebene miteinander auseinanderzusetzen, sich abzugrenzen, ihre eigene, feste Position zu finden – und dadurch eine solidarische Basis miteinander. Das heißt: Es wird in ihrer Beziehung ein ungutes Gefühl bleiben von Machtlosigkeit, von »dieses oder jenes machen müssen« – kindliche Gefühle, auch wenn die Kinder längst erwachsen sind.

Die klammheimliche Wut eines Bruders, sobald er auch nur andeutungsweise zu ahnen glaubt, daß die Schwester »wieder mal« irgend etwas von ihm will. Das hilflose Gefühl einer Schwester, der Bruder würde am liebsten überhaupt so wenig wie möglich mit ihr zu tun haben, interessiere sich gar nicht für sie und ihre Probleme. Solche Gefühle haben mit der realen Situation zweier erwachsener Menschen überhaupt nichts zu tun. Die reale Situation wäre zum Beispiel: Sie braucht einen neuen Computer, hat aber keine Ahnung davon. Nichts wäre sinnvoller und naheliegender, als den Bruder, der ein PC-Freak ist, beim Kauf als Berater mitzunehmen. Normal wäre, ihn einfach zu fragen, ob er dafür mal ein paar Stunden Zeit hat am Wochenende. Und genauso normal wäre, daß er dann entweder sagt: ja, klar. Oder: nein, sorry, kann dieses Wochenende nicht, aber am nächsten wär's einzurichten.

Was Geschwistergefühle aus einer solchen Situation machen können, wirkt auf Außenstehende oft schlichtweg albern, ist für Bruder und Schwester aber eine Fortsetzung eines jahrelangen, nur allzu vertrauten Krampfes. Fragt sie ihn, ob er mitkommt, wird er das erdrückende Gefühl haben, nicht nein sagen zu dürfen, obwohl er keine Zeit hat. Der Einkauf mit dem schlechtgelaunten Bruder wird eine Nervenprobe. Und er beklagt sich bei Freunden bitterlich, daß bei der Schwester immer vorausgesetzt wird, daß er sofort und auf der Stelle zu ihren Diensten bereitsteht – und dann weiß sie nicht, was sie will ... Fragt sie ihn vorsichtshalber gar nicht erst, aus Angst, er könnte wieder mit diesem ihr so grauenhaft vertrauten, entnervten Blick reagieren, wird sie bei Freunden stöhnen, daß der Bruder ihr wirklich nicht einmal diese kleine Geschwistergefälligkeit erweisen kann, weil andere immer wichtiger sind für ihn, und darum mußte sie jetzt diesen Computer allein kaufen, der natürlich nicht richtig funktioniert ...

Familiengefühle sind lebenslange Gefühle. Und sie sind lebenslang zwiespältig, hin- und hergerissen zwischen warmer Zuneigung und kalter Wut, wenn im »Familienhaus« auf den Erwachsenenetagen die klare Aufteilung durcheinandergeraten ist. Unser Rundgang durchs Haus endet hier. Wir haben alle Zimmer besichtigt und die Grundvoraussetzungen kennengelernt, die stimmen müssen, damit es sich darin gut leben läßt. Wir haben auch die grundsätzlichen Fallstricke gesehen, die Familien ins Stolpern und das Haus ins Wanken bringen. Wir werden auf die Raum- und Etagenaufteilung immer wieder zurückkommen, wenn wir uns im zweiten Teil dieses Buches in eine ruhige Ecke setzen und beobachten, wie Eltern und Kinder im ganz normalen Familienleben miteinander umgehen – und wie in diesem Zusammenleben Menschen zu wirklich »erwachsenen« Frauen und Männern werden können.

Übung 5

* Erinnern Sie sich an die Rolle, die Sie bei Ihren Eltern, unter Ihren Geschwistern hatten? Eine interessante Methode, der Erinnerung auf die Sprünge zu helfen, ist das sogenannte »Clustering«: Schreiben Sie in die Mitte eines Blattes Ihren Namen und umrahmen Sie ihn mit einem Kreis. Lassen Sie Ihren Gedanken freien Lauf – und schreiben Sie auf, was Ihnen als erstes zu Ihrer Rolle einfällt, zum Beispiel: der ewige Wildfang. Machen Sie um diese Assoziation ebenfalls einen Kreis, und verbinden Sie ihn mit einer Linie mit dem ersten Kreis um Ihren Namen. Spielen Sie mit Ihrer Erinnerung zum Begriff »Wildfang«. Was fällt Ihnen noch ein? Vielleicht der Satz Ihrer Mutter: »Das Kind ist nicht zu bändigen«. Schreiben Sie auch das auf, verbinden Sie es mit »Wildfang« und Ihrem Namen zu einer Kette. Setzen Sie die Gedankenkette fort, vielleicht fallen Ihnen auch wieder Ihre Gefühle dazu ein, wie: »Das ist ungerecht von denen« ... Vielleicht erinnen Sie sich aber beim Nachdenken über die »Wildfang«-Verbindung plötzlich an einen ganz anderen Aspekt Ihrer Kindheitsrolle, zum Beispiel: der »Ideenlieferant«, der Sie bei den Streichen mit den Geschwistern waren. Bilden Sie damit eine neue Assoziationskette. Schreiben Sie alles auf, was Ihnen in den Kopf kommt, auch wenn es nicht direkt in eine der »Ketten« paßt.
* Wenn Sie Ihre Geschwister heute, als Erwachsene/r, wiedertreffen – tauchen da manchmal noch Gefühle auf, die Sie aus der Kindheit kennen, und die sich jetzt vielleicht auf Ihrem »Erinnerungszettel« wiedergefunden haben?
* Falls Sie inzwischen eigene Kinder haben: Stellen Sie sich vor, Sie würden ein Drehbuch schreiben, in dem es um Ihre Familie geht. Welche Rollen würden Sie Ihren Kindern in diesem Film geben?

Teil II

ZUSAMMEN STARK SEIN

oder
Wie man zum Magier
seines Lebens, seiner Beziehung,
seiner Familie wird

Der Prinz und der Zauberer

Es war einmal ein junger Prinz, der glaubte an alles, mit Ausnahme von drei Dingen. Er glaubte nicht an Prinzessinnen. Er glaubte nicht an Inseln. Er glaubte nicht an Gott. Sein Vater, der König, sagte ihm, daß es solche Dinge nicht gäbe. Da es im Reich seines Vaters weder Prinzessinnen noch Inseln und auch keine Spur von Gott gab, glaubte der Prinz seinem Vater.

Aber eines Tages lief der Prinz vom Palast fort und kam in das Nachbarland. Zu seinem Erstaunen sah er vor der Küste Inseln und auf diesen Inseln fremde, beunruhigende Wesen, die er nicht zu benennen wagte. Als er nach einem Schiff Ausschau hielt, kam ihm am Strand ein Herr in voller Abendgala entgegen.

»Sind das da echte Inseln?« fragte der junge Prinz.

»Natürlich sind das echte Inseln«, sagte der Herr in Abendgala.

»Und jene fremden und beunruhigenden Wesen?«

»Das sind echte und leibhaftige Prinzessinnen.«

»Dann muß es auch Gott geben«, rief der Prinz.

»Ich bin Gott«, sagte der Herr in Abendgala mit einer Verbeugung.

Der junge Prinz kehrte, so schnell er konnte, wieder nach Hause zurück.

»Du bist also zurückgekehrt«, sagte sein Vater, der König.

»Ich habe Inseln gesehen, ich habe Prinzessinnen gesehen, ich habe Gott gesehen«, sagte der Prinz vorwurfsvoll.

Der König war unbeeindruckt.

»Weder gibt es wirkliche Inseln noch wirkliche Prinzessinnen noch einen wirklichen Gott.«

»Ich habe sie gesehen!«

»Sag mir, was Gott anhatte.«

»Er trug volle Abendgala.«

»Waren die Ärmel seines Frackes hochgeschlagen?«

Der Prinz entsann sich, daß sie es gewesen waren. Der König lächelte.

»Das ist die Kleidung eines Magiers. Du bist getäuscht worden.«

Darauf kehrte der Prinz ins Nachbarland zurück und ging an denselben Strand, wo er abermals auf den Herrn in Abendgala traf.

»Mein Vater, der König, hat mir gesagt, wer Sie sind«, sagte der Prinz empört. »Sie haben mich letztes Mal getäuscht, diesmal gelingt Ihnen das aber nicht. Jetzt weiß ich, daß das keine echten Inseln und echten Prinzessinnen sind, denn Sie sind ein Magier.«

Der Herr am Strand lächelte.

»Du hast dich selbst getäuscht, mein Junge. In deines Vaters Reich gibt es viele Inseln und viele Prinzessinnen. Du aber bist unter deines Vaters Bann, so daß du sie nicht sehen kannst.«

Nachdenklich kehrte der Prinz heim. Als er seinem Vater begegnete, sah er ihm ins Gesicht.

»Vater, stimmt es, daß du kein echter König bist, sondern nur ein Magier?«

Der König lächelte und schlug seine Ärmel zurück.

»Ja, mein Sohn, ich bin nur ein Magier.«

»Dann war der Herr am Strand Gott?«

»Der Herr am Strand war ein anderer Magier.«

»Ich muß die Wahrheit wissen, die Wahrheit jenseits der Magie.«

»Es gibt keine Wahrheit jenseits der Magie«.

Der Prinz war von Trauer erfüllt. Er sagte: »Ich werde mich umbringen.«

Durch einen Zauber ließ der König den Tod erscheinen. Der Tod stand in der Tür und winkte dem Prinzen. Der Prinz erschauerte. Er erinnerte sich der schönen aber unwirklichen Inseln und der unwirklichen aber schönen Prinzessinnen.

»Also gut«, sagte er, »ich kann es ertragen.«

»Du siehst, mein Sohn«, sagte der König, »auch du beginnst, ein Magier zu sein.«

(nach einem Auszug aus »The Magus« von John Fowles)

Wir haben dieses Märchen an den Anfang des zweiten Teiles unseres Buches gestellt, weil es eine wunderschöne Geschichte vom Erwachsenwerden ist. Eine Geschichte darüber, daß man sich nur aus dem »Bann« seiner Eltern befreien kann, wenn man Abschied nimmt vom Kinderblick, mit dem man die Welt betrachtet hat.

Für kleine Kinder sind die Eltern immer Giganten, strahlende Könige auf ihrem Thron. Wenn Kinder groß werden, bröckelt so einiges vom Goldlack ab. Aber der Einfluß, den die Eltern auf das Leben eines großen »Kindes« haben, zerbröselt nicht so selbstverständlich. Der Prinz im Märchen glaubt nicht an Dinge wie Inseln und Prinzessinnen, denn sein Papa hat ihm ja gesagt, sowas gäbe es nicht. Er ist inzwischen zu einem jungen Mann herangewachsen und mißt alles, was ihm begegnet, immer noch an diesem Leitbild »es gibt keine Prinzessinnen und keine Inseln.« Eine einseitige Sicht aufs Leben, wenn man es von außen betrachtet. Und eine Sicht, die etwas Trauriges hat. Wenn es keine Inseln gibt – wie soll man da zu Abenteuern aufbrechen, die an neue Ufer führen? Und wenn es keine Prinzessinnen gibt – wie soll ein junger Prinz die Erfahrung der Liebe zwischen einem Mann und einer Frau machen?

Im ersten Teil dieses Buches haben wir den Grundriß des »Familienhauses« kennengelernt – die wichtigsten Einflüsse, die zu ganz bestimmten (fördernden oder ungünstigen) Konstellationen zwischen Eltern und Kindern führen. Und wir haben dabei gesehen, daß das Leben und die Beziehung von Mutter und Vater einen ganz wesentlichen Einfluß darauf haben, was ein Kind auf dem Weg in sein Leben mitnehmen kann. Das Märchen vom Prinzen und vom Zauberer ist ein sehr poetisches Bild dafür, was dabei im Alltag zwischen Eltern und Kind/ern vermittelt wird. Das Kind nimmt ja keine Grundrisse mit ins Leben. Es sind Bilder, Vorstellungen, Ideen. Und diese Bilder, Vorstellungen und Ideen sind mit tiefsitzenden Gefühlen verbunden. »Es gibt keine Prinzessinnen und keine Inseln« ist ein Gefühl. »Man muß sich immer mächtig anstrengen, damit einen die anderen okay finden« ist ein Gefühl. »Wenn man nur nervig genug ist, kriegt man, was man will« ist auch ein Gefühl.

Aus solchen Gefühlen baut man sich eine ganz spezielle Sichtweise davon zusammen, was Wirklichkeit ist. Jedes Kind, wortwörtlich, jedes Kind, und somit auch jeder von uns, ist in »seinem« Familienhaus mit ganz speziellen Bildern davon, was Wirklichkeit ist, aufgewachsen. Mit genau den Bildern nämlich, die einem die Eltern vermittelt haben. Und in seiner Hilflosigkeit und Abhängigkeit glaubt man als Kind, muß man als Kind daran glauben, daß diese Bilder die »Wahrheit« sind. Die Wahrheit, die so und nicht anders funktioniert. Die Wahrheit, nach der man sein Leben einrichten, oder die man, wenn man ganz schrecklich darunter leidet, mit seinem Leben um jeden Preis widerlegen muß.

»Es gibt keine Wahrheit jenseits der Magie«, sagt der Vater im Märchen zu seinem Sohn. Die Magie, von der in dieser Geschichte die Rede ist, hat nichts mit übernatürlichen Phänomenen zu tun. Magie, so lehrt uns das Märchen, ist eine Frage der Wahrnehmung. Zum Magier wird der junge Prinz in dem Moment, in dem er anfängt, seinen Vater und dessen Reich nicht mehr mit dem Blick zu betrachten, der sich als »Wahrheit« so tief in seine Seele eingeprägt hat. »Es gibt keine Inseln und keine Prinzessinnen« ist nicht die Wahrheit. Es ist das Ding dieses altgewordenen Mannes, der sich »König« nennt und eigentlich auch nur ein Magier ist, wie es jeder sein könnte, wenn er nur wollte. Ein Magier noch dazu, der sich in der Verzauberung der Wahrnehmung, mit der er seine Welt geschaffen hat, um Inseln und Prinzessinnen gebracht hat.

Er wird seine Gründe haben. Vielleicht kann er selbst nicht schwimmen, und hat alles, was mit Wasser und Schiffen zu tun hat, aus seinem Zauberreich verbannt. Vielleicht hat er schlechte Erfahrungen mit Prinzessinnen gemacht, und wollte seinen Sohn vor solchen Schmerzen bewahren. Eltern wollen meistens das Beste für ihr Kind. Eltern zwingen ihr Kind nicht bewußt in ihren Bann. Doch im »Familienhaus« ist ihr Zauber immer stark. Wenn Mutter und Vater als Magier ihres eigenen Lebens bisher nur mittelmäßig begabt waren, sich ein Leben geschaffen haben, in dem es vieles nicht gibt, dann bringen sie ganz automatisch ihr Kind /ihre Kinder in den gleichen Bann.

Die »Entzauberung« nach langen Jahren ist ein sehr, sehr tiefer Schnitt. Sie bringt unseren Prinzen fast um. Das Zauberreich der Eltern, so einengend man es auch finden mag, hat ja auch seine Vorteile. Man kann gegen die ultimative Wahrheit nichts machen. Man muß keine eigenen Entschlüsse treffen. Man muß keine Verantwortung übernehmen. Man muß sich nicht auf irgendwelche Leute einlassen, die einem »am Strand« begegnen und einem Sachen erzählen, die man nicht hören will. Die einem auch Sachen über die Eltern erzählen, die man gar nicht wissen will. Solange Mutter und/oder Vater mächtige Herrscher sind, die die Wahrheit kennen, ist man ein Kind und irgendwie geborgen – auch wenn man diese Geborgenheit mehr als alles andere haßt. Erwachsen zu werden heißt zu begreifen, und zwar wirklich zu begreifen, was der Prinz begreifen muß: Vielleicht ist das Leben der Eltern traurig, eintönig, ein Chaos. Doch es ist ihr Leben. Nicht das ihrer Kinder.

Alle Jahre wieder …

»Du, um die Jahreszeit ist es da unten so schön, daß es richtig weh tut«, hatte Carlotta geschwärmt. »Das Licht ist irgendwie, ja, wie durchscheinend. Die Farben sehen richtig transparent aus. Und das tollste ist, du bist fast allein unterwegs, weil alle zu Hause unterm Tannenbaum sitzen …« Carlotta sah Sigrid erwartungsvoll an. »Also, was ist jetzt – kommst du dieses Jahr endlich mit?«

Sigrid seufzte. »Ich würd' wahnsinnig gerne, aber du weißt doch, meine Mutter. Die dreht durch, wenn ich ihr sage, daß ich Weihnachten in New Mexico bin. Seit Papa tot ist …«, Carlotta unterbrach sie. »Na hör mal, das sind jetzt acht Jahre, oder? Du mußt sie einfach vor vollendete Tatsachen stellen. Meine Mutter ist doch auch allein. Die geht Heiligabend zu 'ner Freundin und findet das völlig normal …«

Sigrid schüttelte mutlos den Kopf. »Ja, aber deine Mutter ist auch ein anderer Typ.« Carlotta zuckte mit den Schultern und packte die ausgebreiteten Fotos zusammen. »Dann wird es aber Zeit, daß Mutti sich mal etwas weiterentwickelt. Hör mal, deine Mama ist keine 90. Die ist gerade mal 60, oder? Und du bist 32! Die kann doch nicht von dir erwarten, daß du jedes Jahr Weihnachten mit ihr Händchen hältst!«

I'm dreaming of a white Christmas ... schmalzt es durch den Supermarkt. Die Kassenschlange bewegt sich seit Minuten keinen Zentimeter vorwärts. Sigrid reißt ihren Blick gewaltsam von dem blinkenden Stern los, der die Verkaufsfläche mit den Sonderangebots-Engeln krönt. Grün, gelb, rot, blau. Grün, gelb, rot, blau ... »Glaub mir, Schätzchen, du verpaßt ein tolles Erlebnis«, hatte Carlotta ihr noch zugerufen, bevor sie durch das Abflug-Gate ging. Gerade jetzt, stellt Sigrid mit einem Blick auf die Uhr fest, müßte sie in London sein und auf den Anschlußflug warten.

Reisefieber ... Sigrid fühlt für eine Sekunde wieder die aufgeregt flackernde Flamme im Bauch. Als sie mit Carlotta am Flughafen wartete, stellte sie sich vor, wie es wäre, einfach zum Last-Minute-Schalter zu gehen. Vielleicht gab es ja sogar noch einen Flug in die USA ... Nach Hause fahren, zusammenpacken, und los. Schließlich hatte sie Urlaub, und das Weihnachtsgeld auf dem Konto. Es war alles möglich, alles ...

»Nicht einschlafen da vorne!« Rumms – die grellgeschminkte Blondine hinter ihr rammt Sigrid den Einkaufswagen in die Knie. Sigrid kann sich nicht zum Protest aufraffen. Sie fühlt sich sehr müde. Die aufgeregte Flamme im Bauch wurde von einer dunklen Woge ausgelöscht, kaum daß Carlotta verschwunden war. Natürlich wird sie sich nicht nach Last-Minute-Flügen erkundigen. Sie wird keine Abenteuer erleben. Sie wird die Armbanduhr einpacken, die sie für Mutti als Weihnachtsgeschenk gekauft hat. Sie wird Heiligabend Heringssalat mit Wiener Würstchen essen. Und danach irgendwas im Fernsehen gucken. Wenigstens hat Mutti jetzt Kabelanschluß. Da wird ja wohl ein erträgliches Programm zu finden sein ... Sigrid erschrickt, als sie sich in der Spiegelwand hinter der Kasse entdeckt. Eine armselige Gestalt, die sich selbst haßt. Sie würde am liebsten heulen.

Weihnachten ist das Fest der Liebe und ganz besonders: Der Familienliebe. Es wäre mit Sicherheit eine hochinteressante Untersuchung, wenn man mal eine Statistik darüber aufstellen würde, wieviele »erwachsene« Kinder dem Fest der Liebe mit unguten Gefühlen entgegenblicken. Weil da, alle Jahre wieder,

der K(r)ampf mit den Eltern ist. Wir wagen hier zu behaupten: Weihnachten ist so etwas wie ein Testfall dafür, wie erwachsen Kinder bei ihren Eltern werden konnten. Oder, anders herum: Wie gut Eltern ihren Job (um nochmal daran zu erinnern: Schützt mich/zeigt mir, wie man lebt) erledigt haben.

Zum Erwachsenwerden gehört ein wesentlicher Punkt: Man muß sich von seinen Eltern abnabeln. Und man muß eine klare Trennungslinie ziehen zwischen dem eigenen Leben und dem Leben von Mutter und Vater. Ob eine Familie dieses Ziel erreicht hat, zeigt sich nicht in großen, schicksalsträchtigen Auseinandersetzungen. Es zeigt sich in den alltäglichen Dingen des Lebens. Haben die Eltern ganz selbstverständlich einen Schlüssel zu der Wohnung von Sohn und/oder Tochter? Kommt die Mutter selbstverständlich zum Putzen vorbei? Bringt man das Baby, wenn man gerade was anderes vorhat, ganz selbstverständlich zu Opa und Oma?

Eltern, die ihren Job gut erledigt haben, gehen nicht selbstverständlich davon aus, daß sie jederzeit Zutritt zur Wohnung – und damit zum Leben – ihrer Kinder haben. Eltern, die ihren Job gut erledigt haben, machen nicht selbstverständlich den Kram für ihre Kinder – ob es sich nun um Wohnungsputzen handelt, darum, mit der Autowerkstatt einen günstigeren Preis auszumachen oder schwierige Beziehungen zu kitten. Eltern, die ihren Job gut erledigt haben, lassen sich nicht selbstverständlich und jederzeit die Enkel auf die Nase drücken. Und: Eltern, die ihren Job gut erledigt haben, erwarten nicht selbstverständlich, daß die Kinder Weihnachten bei ihnen verbringen.

Umgekehrt kämen Kinder, die sich von ihren Eltern abgenabelt haben und erwachsen geworden sind, gar nicht automatisch auf die Idee, Mutti und Vati den Schlüssel zu geben (die sind ja schließlich keine Hausmeister), Schwierigkeiten für sich erledigen oder Kinder hüten zu lassen. In Familien, in denen Eltern und Kinder nicht in gegenseitiger Abhängigkeit aneinander gefesselt sind, wird selbstverständlich gefragt, wenn irgend etwas anliegt, bei dem der eine vom anderen etwas erwartet, Hilfe braucht, Dinge zu erledigen hat. Die Weihnachtsfrage zwischen einer alleinstehenden Mutter und einer alleinstehenden

Tochter könnte da zum Beispiel lauten: »Ich würde dich gerne mal wieder an den Feiertagen zu mir einladen. Hast du Lust? Oder hast du schon andere Pläne?«

Der Zauberbann der Eltern über ihre Kinder ist immer dann besonders stark, wenn Hilfeleistungen, Zuwendung, Anwesenheit grundsätzlich als selbstverständlich vorausgesetzt werden. Wenn gar nicht erst gefragt wird, oder wenn, dann so, daß es darauf nur eine Antwort gibt, nämlich: »Ja, aber gern, wie sollte es auch anders sein?« Der Zauberbann entfaltet seine Macht in jedem Nein, das unausgesprochen bleibt. In jedem unguten Gedanken, der unterschwellig kocht. Sigrid fühlt sich wie von dunklen Wogen niedergedrückt. Sie ist nicht in der Lage, sich gegen den (vermutlich) nie direkt geäußerten Anspruch ihrer Mutter zu wehren. Sie ist wirklich gebannt. Denn das einzige, was sie sehen kann, ist eine einsame, unglückliche Mutter, die sich unterm Tannenbaum ins Messer stürzt. Und eine selbstsüchtige Tochter, die sich derweil vergnügt. Sie kann sich nur diese Szenen vorstellen – weil es im »Reich« ihrer Mutter keine Töchter gibt, die Weihnachten schon was anderes vorhaben.

Das ist traurig. Mindestens genauso traurig wie die Vorstellung, daß ein junger Prinz keine Inseln und Prinzessinnen erkunden kann, weil er nicht daran glaubt, daß das möglich ist. Und doch zeigt sich an Sigrids Geschichte sehr deutlich, wie stark erwachsene Kinder auch profitieren von dem lebenseinschränkenden Bann ihrer Eltern. Sigrid darf die liebe Tochter bleiben. Sie muß nicht die Härte aushalten, mit dem entscheidenden Schnitt die Nabelschnur zu durchtrennen, und sich von nun an selbst zu versorgen. Sie kann ein Kind bleiben, das sich gut fühlt, wenn es Mama gut geht. Ein Kind, das bei Mama vor den Gefahren des Lebens geschützt ist ...

Was den Schritt vom ewigen Kind zum »Magier« des eigenen Lebens ausmacht, ist die Bereitschaft, Verantwortung für alles zu übernehmen, was man tut. Wenn man das 32 Jahre lang nicht gelernt hat, fällt dieser Schritt unendlich schwer. Für Sigrid heißt das zum Beispiel, daß die Begründung »Ich würde so gerne, aber ich kann ja nicht, weil ...« wegfällt. Sie fühlt sich durch dieses »Aber es geht nicht ...« quälend eingeschränkt. Was sie noch nicht begriffen hat: Solange etwas nicht geht, muß sie sich auch gar nicht für eine Sache entscheiden – und damit gegen eine andere. Solange es einfach nicht geht, der Mutter zu sagen, daß sie Weihnachten wegfährt, kann Sigrid mit dem Gefühl weiterleben, einen Anspruch auf beides zu haben: den Traum von Freiheit und Abenteuer und eine zufriedene Mama, die ihrer liebenden Tochter wohlgesonnen ist.

Sich als erwachsene Frau zu entscheiden würde heißen, auch die bewußte Verantwortung für die Konsequenzen des eigenen Handelns zu übernehmen. Wenn Sigrid sich für die Versorgung der Mutter entscheidet, weil ihr soviel an dieser einsamen Frau liegt, die so schwach und hilflos ist, daß es einem das Herz bricht, würde das bedeuten, bis zu Mutters Tod auf Freiheit und Abenteuer zu verzichten. Wenn Sigrid sich für ihre Sehnsucht nach großen Reisen entscheidet, würde das bedeuten, in Kauf zu nehmen, daß die Mutter unter Umständen nie wieder ein Wort mit ihr spricht – in letzter, härtester Konsequenz sogar, daß sie unterm Weihnachtsbaum vor Kummer stirbt.

Zugegeben – das klingt reichlich gnadenlos. Es muß gnadenlos klingen, weil ein Elternbann über erwachsene Kinder immer auf einer ziemlich gnadenlosen Sichtweise von Wirklichkeit aufbaut. Es gibt viele Bannsprüche. Jede Familie hat ihre eigenen. Sigrids heißt: Du mußt mich lieben und dich um mich kümmern – oder du bringst mich um. Der des Prinzen aus dem Märchen heißt: Du darfst nicht an Inseln und Prinzessinnen glauben – oder du bringst dich um. Doch daß alles so gnadenlos und nur mit grausamen Entscheidungen zu lösen sei ist eben auch nur ein Teil des Banns. Das kann man aber erst erkennen, wenn man als »Magier« seine Entscheidung trifft. In dem Moment verwandelt sich, oh Wunder der Magie, die Sichtweise auf die ganze Situation. Das krasse Entweder/Oder, Schwarz oder Weiß verwandelt sich – in die breite Farbpalette des Lebens, in der es alle möglichen Alternativen gibt.

Sigrids Mutter ist nicht alt und zerbrechlich. Sie ist vielleicht einsam und unausgefüllt – aber nicht vollkommen hilflos. Als Magierin könnte Sigrid das sehen. Und sie würde sehen, was auch der junge Märchenprinz erkennen muß: Wenn im Leben der Eltern wichtige Teile fehlen, dann ist das schmerzhaft zu beobachten, doch es steht in ihrer Verantwortung, wie sie ihr Leben leben. Diese Einsicht ist nicht egoistisch. Sie ist der »magische« Funke, der Menschen in Bewegung bringt, und der Familien nach jahrelanger Erstarrung verändert.

Den Zauberbann legen Eltern nicht einseitig und aus Bosheit über ihre Kinder. Es ist eine gegenseitige Verstrickung. Sigrid kann sich nicht bewegen, und sich nicht weiterentwickeln, weil sie nichts bewegen muß. Ihrer Mutter geht es mit der Situation »Tochter kommt automatisch und selbstverständlich an Feiertagen zu mir« genauso. Natürlich bedeutet es für sie einen großen Schmerz, Weihnachten allein zu verbringen. Doch darin liegt auch eine Chance: die Chance, selbst wieder die magische Regie in ihrem Leben zu übernehmen und als »Magierin« endlich zu erkennen, daß die Tochter schon lange nicht mehr zehn Jahre alt ist, sondern eine erwachsene Frau mit einem Recht auf ein eigenes Leben.

Die Magie der Veränderung wirkt langsam. Sie zieht aber immer größere Kreise. Sie zwingt zu Verhaltensänderungen und bringt neue Erfahrungsmöglichkeiten. Sie führt dazu, daß sich die Beziehungen in einer Familie verändern – in unserem Sigrid-Beispiel fangen Mutter und Tochter vielleicht sogar an, sich nach 32 Jahren ernsthaft dafür zu interessieren, wer die andere eigentlich ist. Sie setzt vor allem aber auch Kräfte und Emotionen frei, die immer in den Familienverflechtungen gebunden waren.

Das ist nicht nur wunderbar und angenehm – da ist die Angst vorm Alleinsein, die Panik davor, nein zu sagen, die Schwierigkeit, sich gegen andere durchzusetzen. Solange man als erwachsenes Kind im Bann seiner Eltern steht, muß man sich damit nicht auseinandersetzen. Denn man merkt schlicht und einfach nicht, wie schwer man sich damit tut, den eigenen Weg zu gehen. Man ist in seiner Familie aufgewachsen unter dem ständigen Einfluß einer ganz bestimmten Weise, miteinander umzugehen und einer ganz bestimmten Weise, dabei Probleme anzugehen, beziehungsweise immer wieder zu umgehen, die mit Neinsagen, mit offenen Abgrenzungsversuchen zu tun haben. Je weniger diese Offenheit in einer Familie möglich ist, desto mächtiger und einschränkender ist der Bann, unter dem erwachsene Kinder immer noch stehen.

Carlotta hat offensichtlich keine Probleme damit, ihre Mutter allein zu lassen – und die auch nicht damit, daß ihre Tochter wegfährt. Sigrid mit ihrem gebannten Kinderblick kann nur vermuten, daß Carlottas Mutter eben »ein ganz anderer Typ« als ihre Mutter sei – soll heißen, daß die es ihrer Tochter leichter macht, eigene Wege zu gehen, sie eher losläßt. Doch das stimmt natürlich nicht. Die Ablösung vom Elternhaus ist kein passiver Prozeß, der dadurch ausgelöst wird, daß die Eltern irgendwann dann doch ein Einsehen haben und ihre Kinder gehen lassen. Wenn in einer Familie ohne harte Kämpfe und Schnitte klar ist, daß Kinder (und Eltern!) ein eigenes Leben haben, dann ist diese Selbständigkeit in der Familiengeschichte gewachsen – genau wie in Sigrids Familie die Abhängigkeit gewachsen ist.

Carlotta hat in ihrer Familie gelernt, sich abzugrenzen. Sie hat gelernt, daß man die Tür zum eigenen Zimmer zumachen kann, ohne daß alle anderen tot umfallen. Und sie hat gelernt, daß Türen keine Mauern sind, sondern ein selbstverständlicher Schutz. Mit diesem Wissen ist die Abnabelung von den Eltern kein schmerzhafter, anstrengender Schnitt, sondern das natürliche Ende einer umfassenden Ausbildung zum »Magier« und eine starke Basis, um die Magie des Lebens in eine eigene Familie weiterzutragen.

Was man lernen muß, um ein Magier zu werden

»Weißt du was«, sagt die Mutter zum sechsjährigen Kind, »das Wetter ist so toll, ich habe heute nachmittag Zeit und richtig Lust, was mit dir zu unternehmen. Was wollen wir machen, rausfahren zum Baggersee oder lieber auf den Spielplatz?« Das Kind muß nicht lange überlegen – »au ja, au ja, zum Baggersee.« »Ganz sicher?« fragt die Mutter nochmal nach. »Dann bereite ich ein Picknick vor.« »Au ja, au ja«, sagt das Kind. »Okay«, sagt die Mutter, »toll, abgemacht«.

Es wird Nachmittag. Mutter packt die Badesachen, Mutter packt die Picknicktasche. Sie packt alles ins Auto und den Nachwuchs dazu. Der Nachwuchs quengelt. Sie fährt los. Das Kind quengelt lauter. Das Kind will jetzt nämlich nicht mehr zum Baggersee, das Kind will auf den Spielplatz. Die Mutter atmet tief durch, fährt rechts ran, dreht sich zum quengelnden Kind um und sagt: »Paß mal auf, das stinkt mir jetzt wirklich. Du hast dich heute morgen ausdrücklich für Baggersee entschieden. Ich habe dir gesagt, daß ich dafür was vorbereite. Und außerdem habe ich mich den ganzen Tag auf den Ausflug gefreut. Jetzt erwarte ich auch, daß du dich an unsere Abmachung hältst.«

Willkommen im Familienalltag! Kind will nicht mehr das, was es noch vor einer halben Stunde unbedingt wollte, ist eine Standardsituation. Eine von den Situationen, die, sagen wir, über 90 Prozent des Familienlebens ausmachen. Eine von den Situationen, in denen man als Mutter oder Vater nicht lange darüber nachgrübelt, wie man sich pädagogisch denn nun am wertvollsten verhält. Man ist vielmehr genervt und handelt aus dem Bauch heraus, um die Streßlage so schnell wie möglich zu entspannen.

Es sind genau solche im Prinzip unspektakulären Routinehandlungen, die das Klima bestimmen, das in einer Familie herrscht. Und es sind nicht die großen, bewußten erzieherischen Grundsatzentscheidungen – wie die, ob ein Kind ein Spielzeuggewehr haben soll, wie lange es abends aufbleiben darf, auf welche Schule man es schicken will und so weiter –, mit denen Eltern die wesentlichen Weichen für die Reise stellen, die ein Kind ins Leben macht. Ob ein Kind sich in Richtung »Magier« oder in Richtung »Zauberbann« entwickelt, wird vor allem davon bestimmt, was seine Eltern ihm in kleinen und größeren Konfliktsituationen vorleben.

Wir haben im vorigen Kapitel gesagt, daß man zum Magier seines Lebens wird, wenn man sich und seine Umgebung mit eigenen Augen sieht; wenn man eine klare Trennungslinie ziehen kann zwischen »das hier ist mein Ding, das bin ich und das will ich« und »das ist euer Leben, das seid ihr und das wollt ihr«. Als Magier hat man also die Fähigkeit, sich von anderen abzugrenzen. Das ist nun keine Gabe, die einem wie durch ein Wunder zufällt, damit man sich einmal im Leben von den Eltern abnabeln kann. Es ist eher umgekehrt. Man nabelt sich ganz automatisch und selbstverständlich von Mutter und Vater ab, wenn man sich sicher fühlt in seinem eigenen Leben.

Zu einem »magischen« Gefühl der Sicherheit gehören immer zwei Aspekte. Der eine: Man traut sich zu, selbst zu entscheiden und die Verantwortung für sich zu übernehmen. Der andere: Man fühlt sich nicht dauernd und von allen bedroht oder angegriffen oder ausgenutzt, denn man weiß, daß man seine Interessen und Bedürfnisse schützen kann, wenn's denn sein muß. Und darum, kein unwesentlicher Nebenaspekt, muß man nicht dauernd kämpfen, muß man sich nicht immer durchsetzen, muß man nicht ständig irgendeine vermeintliche Vereinnahmung durch andere mit aller Kraft abblocken. Man muß sich aber auch nicht verzweifelt an jeden Halt klammern, den man sich von anderen erhofft. Ein Magier ist ein Mensch, der gelernt hat, sich selbst zu schützen. Und nur darum kann er auch andere schützen. Der Weg dahin führt nicht durch geheime Einweihungsriten. Er führt durch den ganz normalen Familienalltag.

Welche Richtung er nimmt, wird vor allem dadurch bestimmt, wie eine Familie mit Grenzen zwischen den einzelnen Mitgliedern umgeht.

Der praktische Anschauungsunterricht in Sachen Grenzziehung, den die Mutter in unserer kleinen Beispielszene ihrem Kind gibt, könnte fast aus dem Lehrbuch für Nachwuchszauberer stammen. Eine Grenze hat immer zwei Seiten. Es gibt immer ein »auf meiner Seite« und ein »auf deiner Seite«. Damit ein Kind später einmal die große Bedeutung von Grenzen begreifen kann, braucht es etwas, auf das es auf »seiner« Seite stolz ist, irgend etwas, das ihm gehört, ein Stück Persönlichkeit. Es ist sehr wichtig, daß man Kindern so früh wie möglich Entscheidungen überläßt in einem Rahmen, den sie überblicken können. Machen wir den Ausflug hierhin oder dorthin, hast du Hunger auf Nudeln oder Spinat, willst du vor dem Schlafen noch zehn Minuten mit den Bauklötzen spielen, oder in der Zeit lieber eine Gutenachtgeschichte hören? Mit jeder Entscheidung lernt ein Kind, daß man Dinge selbst bestimmen kann; mit jeder Entscheidung findet ein Kind wieder etwas mehr heraus über »das bin ich, und das will ich ...«.

Das Gefühl, daß die Erwachsenen ihm zutrauen, selbst zu entscheiden, macht ein Kind stolz. Doch was diese Freiheit überhaupt bedeutet, kann es erst ermessen, wenn es auch ein Gefühl für die Konsequenzen vermittelt bekommt. »Das stinkt mir jetzt wirklich ...«, sagt die Mutter in der Beispielszene zum quengelnden Nachwuchs und macht ihm damit klar: Moment mal, wenn man sich für etwas entscheidet, dann muß man solche Entscheidungen ernst nehmen. Ganz besonders, wenn andere davon betroffen sind. Man kann Menschen nicht behandeln, als seien ihre Interessen und Gefühle vollkommen nebensächlich. Indem sie ihm das klarmacht, setzt die Mutter ihrem Kind klare Grenzen und zeigt ihm: Deine Entscheidungsfreiheit hat immer auch etwas mit Verantwortung zu tun. Und genauso, wie ich dir zutraue, die richtige Entscheidung zu treffen, traue ich dir auch zu, die Verantwortung dafür zu übernehmen.

Kinder brauchen Eltern, die ihnen solche klaren Grenzen aufzeigen. Sie brauchen Eltern, die ihnen früh vermitteln, was es eigentlich bedeutet, sich gegenseitig ernst zu nehmen und einander zu achten. Denn nur innerhalb klarer Grenzen lernt ein Kind, sich selbst ernst zu nehmen, und sich selbst zu achten. Vielleicht ist mancher Leser beim Begriff »Grenzen setzen« zusammengezuckt, doch das Zeigen von Grenzen, wie es unsere Szene vorführt, hat nichts mit autoritärem Verhalten zu tun, mit Rückgratbrechen oder mit »Na warte, dir zeige ich schon, wer hier das Sagen hat ...« Hier geht es um natürliche, lebendige Grenzen, nicht um erdrückende Mauern.

Es geht um Grenzen, die beide Seiten stärken und schützen. Um Grenzen, die Ausdruck einer natürlichen Autorität der Eltern sind. Natürliche Autorität ist eine Autorität, die nicht nur aus Erziehungsgrundsätzen und Erziehungsregeln besteht, sondern die einer inneren Haltung entspricht. Die beschriebene Szene hat nicht viel länger als eine Minute gedauert. Eine Minute, in der die Mutter genervt ist und »aus dem Bauch raus« ihrer Grundhaltung folgt. Es ist für sie selbstverständlich, auf Einhaltung der Verabredung zu bestehen, weil sie das Kind ernst nimmt, weil sie sich selbst ernst nimmt und weil sie sich Vorbereitungszeit und Vorfreude nicht einfach so wegnehmen läßt.

Im Prinzip besteht »natürliche« Autorität einer Mutter oder eines Vaters aus nicht mehr und nicht weniger als Klarheit darüber, welche Interessen und Bedürfnisse man selbst hat – und welche das Kind hat. In dem Moment, in dem Eltern sich über ihre eigenen Anliegen unsicher sind oder die ihrer Kinder nicht ernst nehmen, kippt das ganze gesunde Grenzgleichgewicht in der Familie. Die Beispielszene hätte ja auch ganz anders laufen können. Zum Beispiel: Die Mutter sagt: »Na gut, wenn du nicht mehr zum Baggersee willst, gehen wir eben doch auf den Spielplatz.« In dem Fall hätte sie dem Kind keine Grenze setzen können, weil sie sich selbst nicht abgrenzen kann, ihre eigenen Interessen nicht klar genug schützen kann. Das heißt, sie würde es dem Kind überlassen, für sie zu entscheiden. Damit würde sie ihm aber eine Verantwortung aufdrücken, der es nicht gewachsen ist. Ein sechsjähriges Kind, das für seine Eltern der Boß sein muß, erlebt nicht das Gefühl, beschützt zu werden. Es muß sich bis an den Rand der Verzweiflung »abkaspern«, ohne daß ihm jemand ein einschränkendes und ungeheuer erleichterndes »Nun laß aber mal gut sein, das reicht jetzt« entgegensetzt.

Im umgekehrten Fall, Mutter nimmt die Interessen des Kindes und die gemeinsame Verabredung nicht ernst, hätte sie nachmittags zum Beispiel gesagt, du, jetzt habe ich keine Lust mehr auf Baggersee, wir gehen auf den Spielplatz. Oder: jetzt habe ich überhaupt keine Lust mehr, irgendwohin zu fahren. Oder: »Ach du liebe Güte, das habe ich ja ganz vergessen, ich habe nun doch keine Zeit ...« Sie setzt ihre Machtposition als Stärkere ein – mit Autorität, wie wir sie hier zu beschreiben versuchen, hat das nichts zu tun. Damit ein Kind lernt, die Grenzen anderer Menschen zu achten, muß es die Erfahrung machen können, daß die anderen seine Grenzen ebenfalls achten. Je jünger ein Kind ist, desto zarter und zerbrechlicher sind diese Grenzen, und desto weniger kann es sich gegen deren Mißachtung wehren; es fängt ja gerade erst an, den magischen Schutzmantel einer eigenen Persönlichkeit um sich herum zu weben. Ein Kind ernst zu nehmen heißt, ihm die Möglichkeit zu geben, stolz auf sich zu sein, sich wichtig zu fühlen – auch wenn es dabei »nur« um die kleine Alltagsentscheidung geht, nachmittags an den Baggersee fahren zu wollen. Wenn man als Mutter oder Vater eine solche Verabredung einfach über den Haufen wirft, nimmt man dem Kind das Gefühl, daß man anderen Menschen vertrauen kann, ja, daß man für andere überhaupt eine besondere Bedeutung hat.

Um Mißverständnissen vorzubeugen: Eltern sind, wie des öfteren erwähnt, auch nur Menschen und entsprechend nicht rund um die Uhr souverän. Einem Kind bei einer Gelegenheit mal nachzugeben, weil man einfach nicht mehr die Kraft hat, sich jetzt auch noch auf eine Diskussion mit dem/r Kleinen einzulassen, oder eine einmal getroffene Verabredung umzustoßen, weil einem etwas dazwischengekommen ist – das ist allein noch kein Drama. Natürliche Autorität ist keine Prinzipienreiterei, sondern sie wird gelebt. Und die lebendigen Grenzen, die von dieser Autorität geschützt werden, sind flexibel. Aus der Sicht der Eltern bewegen sie sich, stark vereinfacht, zwischen den beiden Polen »Was braucht und was will jetzt in dieser Situation das Kind?« und »Was will und was brauche ich als Mutter oder

Vater?« Die wichtigste Funktion, die flexible Grenzen in einer Familie haben, besteht darin, die Ansprüche aller Familienmitglieder als solche zu schützen – und sie situationsgemäß jeweils so zusammenzubringen, daß alle auf Dauer gut damit leben können und sich als eigenständige, wertvolle Persönlichkeiten fühlen können.

Ein Kind kann damit leben, daß seine Mutter ihre Pläne für den Nachmittag ändert, und eine Mutter damit, daß sie dem Kind nachgibt – wenn grundsätzlich klar ist, daß sich diese Situation hier und heute und unter diesen ganz speziellen Tagesumständen nun mal so ergeben hat. Denn dann ist genauso klar: Es handelt sich um eine situationsbedingte Entscheidung, die nichts an der gegenseitigen Wertschätzung zweier Menschen verändert. Ein Kind ist jedoch hilflos und verloren, wenn die Mutter immer wieder achtlos mit seinen kleinen und großen Interessen umgeht. Genauso wie eine Mutter hilflos und verloren ist, wenn sie es in Streßsituationen mit dem Kind niemals schafft, ihre Interessen zu schützen.

Um andere schützen zu können muß man lernen, sich selbst zu schützen. Um für andere sorgen zu können muß man eine Eigenproduktion an emotionalen Nährstoffen haben. Um jemanden aufbauen zu können braucht man selbst eine gewisse Standfestigkeit. Es ist ein Irrtum zu glauben, solche Fähigkeiten würden Frauen und Männern spätestens dann automatisch verliehen, wenn sie ein Kind in die Welt gesetzt haben. Erziehung zum Leben – und zum Magier – ist immer auch das, was Eltern mit sich selbst machen, wie sie mit ihren Grenzen zurechtkommen und wieviel sie für sich selbst an Lebensmagie herauszufinden bereit sind. Vor diesem Hintergrund bekommt das Wort »Autorität« eine ganz besondere Bedeutung im Familienleben.

Führer durch die Wüste: Wie Eltern die Richtung ihrer Kinder auf dem Weg ins Leben beeinflussen

»Toll siehst du aus! Man merkt dir wirklich nicht an, daß du soviel gearbeitet hast in der letzten Zeit.« Die Bemerkung aus dem Mund von Freunden ist, rein objektiv gesehen, eine Feststellung. Wie man darauf reagiert, ist dagegen rein subjektiv und für das Thema »Familienbande« ausgesprochen aufschlußreich. Vielleicht sieht man die Bemerkung zum Beispiel als Kompliment, als positive Bestätigung: »Ist doch schön, ich scheine mein seelisches Gleichgewicht ja noch im Griff zu haben.« Vielleicht ist man gerührt und empfindet warme Gefühle für die Freunde: »Die Guten, sie wollen mich aufmuntern. Schön, daß ich solche Menschen kenne.« Vielleicht zuckt man ja auch fürchterlich zusammen: »Was, ich sehe gut aus? Strenge ich mich vielleicht doch nicht genug an?« Gefühlsreaktionen wie diese geschehen innerhalb von Sekundenbruchteilen. Sie blitzen auf und sind wieder verblaßt bevor der Verstand sich einschaltet, um irgendwelche bewußten Interpretationen anzubieten, oder bewußte Antworten zu formulieren. Jeder von uns erlebt jede Situation und jeden Menschen, der ihm begegnet, durch den Filter solcher Rückkoppelungen. Sie sind ein Teil unseres Lebens und ein Teil unserer Persönlichkeit.

Ein Teil vor allen Dingen, der uns selbstverständlich geworden ist. Wir erkennen gar nicht, daß es diesen Filter gibt zwischen uns und der Außenwelt, weil wir ihn immer benutzen. Psychologisch formuliert hat jeder Mensch eine bestimmte Wahrnehmungshaltung, mit der er sich selbst, seine Umgebung, die Reaktionen anderer auf sich »filtert«. Filtern heißt: bestimmte Bereiche werden ausgeblendet, andere wiederum überlebensgroß registriert. Was dabei herauskommt, ist ein ganz bestimmtes Bild davon, welche Qualität ein Kontakt mit der Umwelt hat.

Unser kleines Beispiel zeigt, wie unterschiedlich ein Bild von ein und derselben Situation bei drei verschiedenen Wahrnehmungshaltungen aussehen kann, und wie dieses Bild automatisch mit Gefühlen besetzt wird. Diese Gefühle beeinflussen wiederum, wie ein Mensch in einer Situation auf seine Umgebung reagiert. Was unschwer einzusehen ist: Mit dem Gefühl »Meine Güte, wie lieb und aufbauend die Menschen zu mir sind« wird man sehr viel offener und unverkrampfter reagieren können als mit dem Gefühl »Paß bloß auf, die wollen dir hintenrum irgendeinen Vorwurf machen.«

Es gibt keine Wahrheit jenseits der Magie, haben wir im Märchen gehört. Es gibt keinen Kontakt zu einem anderen Menschen, in dem der Filter unserer Wahrnehmung nicht unsere Gefühle bestimmt. Und ganz tief unten, weit unterhalb der Bereiche, die wir noch mit dem Verstand ergründen können, liegt eine grundlegende Empfindung dafür, wie sicher und frei oder wie ängstlich und ausgeliefert wir uns in unserer Umwelt fühlen. Dieses grundlegende Gefühl von Vertrauen oder Mißtrauen in das, was uns auf dem Weg begegnet, ist nicht angeboren. Der Filter unserer Wahrnehmung ist das Produkt der Art und Weise, wie wir im »Familienhaus« unserer Kindheit mit unseren Eltern zusammengelebt haben. Er ist ein wesentlicher Teil des Familienerbes, denn er beeinflußt uns, wo immer wir mit anderen in Kontakt kommen – in jeder beruflichen Beziehung, in jeder Freundschaft, in jeder Partnerschaft. Durch welchen Filter wir uns ein Bild von »den anderen« machen, hat entscheidenden Einfluß darauf, welches Grundgefühl dem Leben gegenüber wir wiederum an unsere Kinder weitergeben.

Wehr dich, Feigling!

»Du liebe Güte, Mädchen, paß doch auf.« Tanja zieht den Kopf noch tiefer ein und dreht sich nicht um. Sie ist mit der alten Frau Möller zusammengestoßen, gerade als sie um die Ecke bog. Sie hört im Weitergehen, wie die Nachbarin hinter ihr herschimpft: »Könntest dich wenigstens entschuldigen. Was bist du nur für ein Kind …«

Tanja fühlt, wie ihr Gesicht heiß wird. Wenn die das bloß nicht wieder Mutti erzählt … Die Scham legt sich wie eine Decke über sie. Genauso wie vorhin, als sie an der Ecke plötzlich Biggi und Kerstin entdeckte, hinter ihnen Martin. Sie wollte sich vorbeischleichen. Doch Biggi stellte sich ihr in den Weg. »Wo willste denn so schnell hin?« Tanja murmelte: »Nach Hause.« Kichern. »Mutti den Einser zeigen, was?« fragte Biggi und grinste aufreizend. »Ist doch brav von unserer kleinen Streberin aus der 5a, was?« Sie kicherten lauter. Ja, Tanja hatte heute im Aufsatz eine Eins wiedergekriegt. Sie liebte es, sich Geschichten auszudenken. Da konnte sie bestimmen, was passierte.

»Weißt Du was?« Das war Kerstin, die Tanja jetzt am Ärmel ihrer Jacke gepackt hatte. »Mir gefällt die Farbe von diesem Teil nicht. Warum kauft dir deine Mami sowas?« Tanjas Kopf arbeitete fieberhaft. Wenn ihr doch irgendwas einfallen würde, was sie sagen könnte, irgendwas Freches. Sie merkte, daß sie rot wurde. »Ach, laßt sie doch, die Kleine«, mischte Martin sich ein, und sie sah, wie er den beiden anderen zuzwinkerte. Eine Geste von Verschwörung und Vertrautheit, bei der Tanja ganz schlecht wurde. »Laßt sie doch, bevor sie sich in die Hose macht.«

Tanja versuchte, sich aus Kerstins Griff zu befreien. Die ließ so plötzlich los, daß sie stolperte und beinahe hingefallen wäre. Als Tanja losrannte, hörte sie das brüllende Gelächter hinter sich.

Und in der Kurve dann Frau Möller … Tanja rettet sich in den Hausflur wie in eine Zuflucht in der Wildnis. Sie bleibt auf dem Treppenabsatz vor der Wohnungstür stehen. Wenn bloß Mutti nichts merkt. Die darf nicht wissen, daß die anderen sie schon wieder geärgert haben. Die regt sich doch immer so auf. Wie beim letzten Elternsprechtag, als die Lehrerin erzählt hatte, daß Tanja immer von den anderen herumgeschubst würde. Das Verhör, als die Eltern zurückkamen, nein, das konnte sie nicht noch mal ertragen, es war zu grauenvoll. »Warum läßt du dir das denn nur gefallen? Haben wir dir denn nicht beigebracht, daß man sich nichts bieten lassen darf?«

Tanja klingelt und flitzt sofort in ihr Zimmer, als die Mutter öffnet. Viel Schularbeiten, murmelt sie, und lehnt die Tür hinter sich an. Ganz zumachen traut sie sich nicht, dann würde Mutti sofort reinkommen und wissen wollen, was los ist. Tanja sitzt am Schreibtisch und starrt an die Wand. Es ist so schrecklich. Warum nur ist sie nicht so frech wie die anderen? Warum ist sie so hilflos? Wie ein Sack, hatte die Lehrerin gesagt.

Das Telefon klingelt auf dem Flur. Die Mutter geht ran. »Waas?« hört Tanja ihre Stimme durch die Tür, dann, seltsam ruhig, »wer war das?« und dann eine Weile nichts mehr. Tanja ahnt, daß es etwas mit ihr zu tun hat, sie hört es an Mutters Tonfall. Am liebsten hätte sie die Tür abgeschlossen. Stille. Dann Schritte, und Mutti steht neben ihr. Sie sagt nichts. Sie setzt sich auf den Schreibtisch. Streichelt Tanja durch das Haar. »Warum erzählst du mir denn nicht, was los war?« Geh weg, denkt Tanja, geh bitte, bitte ganz weit weg. »Das war Frau Möller am Telefon, die hat gesehen, wie dich die anderen gestoßen haben.«

Tanja schweigt. Was soll sie denn sagen? Sie schaut ihre Mutter nicht an. Sie kennt ja diesen Ausdruck in ihrem Gesicht, zwischen Besorgnis und Enttäuschung. Sie kennt auch dieses leise, kaum merkliche Kopfschütteln. Sie wünscht sich nichts sehnlicher, als daß Mutti einfach aufstehen und sie allein lassen würde. »Tanja«, sagt ihre Mutter, »Tanja, guck mal, Papa und ich sind doch deine Freunde, warum erzählst du uns denn nicht, was los ist mit dir?« Schweigen. Die Mutter seufzt. »Du bist doch schon elf, du bist doch ein großes Mädchen.« Tanja ahnt, was jetzt kommt. »Du bist so hübsch und so klug, da mußt du dir doch von den anderen wirklich nichts gefallen lassen …«

Schweigen. Mutti steht auf, sagt dann, und jedes Worte ist ein Schlag mit der Keule: »Frau Möller hat gesehen, daß Birgit Schneider mal wieder die Wortführerin war. Ich rufe sofort ihre Mutter an und rede mit ihr.« An der Tür dreht sie sich nochmal um. »Ich lasse das so nicht durchgehen, die Birgit soll sich bei dir entschuldigen, und zwar heute noch!« Und im Rausgehen hört Tanja sie noch leise sagen: »Die Schneiders bilden sich sowieso ein, sie seien was besseres. Die kleine Hexe wird dir nicht noch mal was tun, dafür sorge ich schon ...« Tanja ist zum Heulen. Am liebsten würde sie schreien »Nein, Mutti, tu' das nicht, bitte, laß es doch einfach gut sein ...« Doch sie bringt keinen Laut hervor. Genau so, sie weiß es ja, muß sich ein Sack fühlen, der von den anderen herumgestoßen wird.

Der Weg, den ein Mensch vom hilflosen Kleinkind zum lebenstüchtigen Erwachsenen zurücklegt, gleicht einem Trip durch die Wüste. Man kann unterwegs verhungern oder verdursten. Auf jeder Meile lauern Skorpione und Klapperschlangen, hinter jeder Sanddüne gibt es gefährlichen Treibsand, am Horizont spiegelt die Hitze Oasen vor, die gar nicht existieren. Ohne einen erfahrenen Führer, der sich mit den Risiken der Wüste auskennt, ist man auf dem Marsch verloren. Man läuft Gefahr, vor Angst, Hoffnungslosigkeit oder Verzweiflung zu sterben. Man läuft aber genauso Gefahr, niemals zu erfahren, wie faszinierend die Wüste ist, niemals die Schönheit einer nach dem Regen aufblühenden Pflanze zu entdecken, sich niemals für die Fremdartigkeit eines unbekannten Wüstenwesens zu begeistern.

Zur Erinnerung: Der Auftrag von Kindern an ihre Eltern lautet »Schützt mich/zeigt mir, wie man lebt.« Elterliche Autorität muß beide Seiten des Auftrags abdecken. Das Bild vom Führer durch die Wüste beschreibt sehr anschaulich, was diese Art von Autorität ausmacht und was sie für die Entwicklung eines Kindes bedeutet. Geschützt zu werden heißt Geborgenheit, sich sicher fühlen zu können, niemand kann einem etwas tun. Zeigt mir, wie man lebt, heißt aber auch, daß die Aufgabe des Wüstenführers darin besteht, seinen Anvertrauten jeden Tag ein Stück mehr an Wüstentauglichkeit zu vermitteln. Das Ziel dieser Reise ist, unabhängig zu werden und den Weg von jetzt an alleine zu schaffen – und das mit einem Gefühl dafür, wie schön und faszinierend die Wüste ist, wenn man weiß, wie man in ihr überleben kann.

Das Wichtigste, was ein Kind auf dem Weg durch die Wüste lernen muß, ist also, wie man sich vor den Gefahren der Wildnis schützt. Denn nur, wenn es das kann, ist es in der Lage, sich der Schönheit dieser aufregenden Umgebung zu öffnen. Tanjas Eltern haben ihre Tochter, wie wir in unserer Szene gehört haben, immer dazu »erzogen, sich nichts bieten zu lassen.« Wir haben aber auch die anrührende Hilflosigkeit des Mädchens erlebt, das sich gegen die Anmache der Mitschüler nicht wehren kann – genausowenig, wie es sich gegen seine Mutter wehren kann. Die fragt sich jetzt, was sich Eltern in der Regel fragen, wenn das Anliegen ihrer Erziehung beim Kind ganz offensichtlich nicht so recht angekommen ist: Was ist bloß los mit diesem Kind?

Tanja ist elf. Elf Jahre sind ein weiter Weg durch die Wüste. Ein Weg, auf dem die Eltern als Wüstenführer einem Kind die wesentlichen Einsichten über das Leben in der Wildnis vermitteln. Uns ist klar, daß der folgende Gedankengang vielen Eltern und vielen erwachsenen Kindern ziemlich ungewohnt erscheinen wird. Für die Sichtweise auf Familienleben, die wir hier vermitteln möchten, hat er eine entscheidende Bedeutung. Was auch immer Eltern ihren Kindern an bewußten Erziehungsinhalten angedeihen lassen möchten – diese »Erziehung« macht nicht den ausschlaggebenden Moment aus, der die Entwicklung eines Kindes auf dem Weg zum selbständigen Leben bestimmt. Um beim Bild vom Wüstenführer zu bleiben: Man kann einem Kind dreitausend Mal erzählen »das da ist eine Klapperschlange, und wenn sie dich anzischt, mußt du dich verteidigen«, man kann einem Kind auch dreitausend Mal sagen »Du liebe Güte, nun steh nicht so hilflos rum, da ist die Schlange, tu was!« – darauf, ob das Kind beim Anblick einer Schlange vor Angst gelähmt ist oder aufmerksam und handlungsfähig, haben solche Erziehungssätze zum Thema »Vor Schlangen muß man nicht zurückschrecken« keinen entscheidenden Einfluß. Entscheidenden Einfluß hat dagegen, was die Eltern als Wüstenführer ihren Anvertrauten an Umgang mit Schlangen und anderen Gefahren vorleben. Entscheidenden Einfluß hat auch, wieviel Mut, wieviel Hoffnung und wieviel Neugier auf eine faszinierende Entdeckungtour ins Leben sie der »Familienexpedition« durch ihr Da- und Sosein machen.

Diese Aufgabe gut zu erfüllen fordert dem Wüstenführer alles ab, was er zu geben hat – an Wissen über die Wüste, und an Liebe zur Wildnis. Er kann einem Wildnisneuling nur das vermitteln, was er selbst schon kennt. Seine Aufgabe fordert – und das spielt eine zentrale Rolle zwischen Eltern und Kindern – Klarheit über die eigenen Motive, die ihn als Führer durch die Weite treiben. Wer sich in der Wüste selbst unendlich einsam fühlt, wer eine tiefsitzende Angst vor der Wildnis hat, oder wer den Wüstenführerjob unbedingt braucht, weil er nur dann ein Gefühl von Sinn und Ausgefülltheit empfindet, wenn er eine Aufgabe hat – der tut sich sehr schwer damit, diese Aufgabe mit dem entspannten Blick anzugehen, den sie erfordert.

Als guter Wüstenführer muß man drei Leistungen gleichzeitig vollbringen. Die erste: Man muß da sein, wenn man gebraucht wird – um bei drohenden Gefahren einzuschreiten, um Schwache zu trösten, Zaghaften Mut zu machen, Verzweifelte wieder aufzurichten, und um das Gefühl zu vermitteln »Du schaffst das schon, und wenn du mich brauchst, helfe ich dir.« Die zweite: Man muß sich raushalten können, wenn man nicht gebraucht wird – damit die unerfahrenen Reiseteilnehmer eigene Erfahrungen machen können. Auch die Erfahrung, daß Kakteen stechen, ist eine wertvolle Erfahrung, um die Wüste kennenzulernen ... Und die dritte: Man muß sich durchsetzen können, wenn es nötig ist, denn wer einem Kind die Führung in gefährlichem Gebiet überläßt, bringt nicht nur das Kind, sondern die ganze Expedition in Gefahr.

Es ist immer ein Balanceakt auf dem Hochseil, als Mutter oder Vater alle drei Aspekte von Autorität unter einen Hut zu bringen. Je gelassener man selbst jedoch in der Wüste ist, desto besser gelingt es, sich von den Erfordernissen der Situation und den Bedürfnissen des Kindes leiten zu lassen. Wer völlig verkrampft herumläuft, überall Gefahren wittert, die Wüste als Ort des Grauens erlebt, besiedelt von bösartigen Geschöpfen, der kann nicht zulassen, daß ein Kind neugierig die Hand nach einem besonders schönen Stein ausstreckt. Er muß es immer ganz nah bei sich haben, ihm verbieten, sich wegzurühren oder sich irgendeiner Pflanze, irgendeinem Gegenstand, oder irgendeinem fremden Wesen zu nähern. Einem Kind, das mit solchen Wüstenführern unterwegs ist, bleibt kein Freiraum für eigene Abenteuer. Und es wird sich in der Wildnis sehr ängstlich fühlen.

Wer als Wüstenführer selbst einsam und verloren ist, die Wüste als trostlosen Ort ohne Freude, ohne Zauber empfindet, der wird ebenfalls versuchen, das Kind in seiner Nähe zu behalten, um nicht mehr so allein zu sein. Ein Kind, das mit ihm unterwegs ist, hat niemanden, der es trösten und schützen kann. Es selbst muß den Expeditionsleiter immer wieder davon abhalten zu verzagen, muß vielleicht sogar die Richtung vorschlagen, in die gegangen werden soll. Dieses Kind wird die Wüste als einen Ort kennenlernen, an dem man bei den größten Strapazen ganz auf sich gestellt ist.

Wir haben das Wüstenbild hier so ausführlich durchgespielt, um daran klarzumachen, wie eng die Grundeinstellung, die Kinder zum Leben in der Wüste entwickeln, mit den Empfindungen ihrer Eltern in der Wildnis verbunden ist. Wenn Eltern sich sicher fühlen und Liebe zur Wüste empfinden, dann können sie zwischen den Botschaften »Ich beschütze dich, dieses Gelände ist sicher« und »Bis hierher und nicht weiter« für das Kind einen Rahmen abstecken, in dem es sich frei bewegen kann. Mit der Botschaft »Ich traue dir zu, daß du dich selbständig in diesem Gebiet umschaust« machen sie ihm Mut, die Wüste zu erobern. So und nicht anders lernt ein Mensch, keine Angst vor unbekannten Situationen zu haben, und nur so und nicht anders lernt er auch, sich zu schützen.

Ein Kind, das schon bei seinen allerersten Gehversuchen in der Wüste besorgt festgehalten wird und von Anfang an hört: »Paß auf, fall nicht hin, tu dir nicht weh, laß das, das ist zu gefährlich, das kannst du ja doch nicht, ich erledige das für dich«, kann kein gelassenes Grundgefühl entwickeln für die Wüste und die Gefahren, die einem darin begegnen. Dieses Kind muß die Wüste als Ort empfinden, an dem es niemals sicher ist; und an dem es allein, auf die eigene Person und die eigenen Fähigkeiten gestellt, nur schwer oder nicht überleben kann.

Tanja empfindet ihre Umgebung als Ort des Grauens. Sie fühlt sich »wie ein Sack«, hilf- und schutzlos. Sie verachtet sich selbst dafür. Den Schlüssel zu dieser verzweifelten Lage eines Mädchens kurz vor der Pubertät liefert uns in der Szene ihre Mutter. Wir sehen, wie sie versucht, ihr Kind zu beschützen. Wir können davon ausgehen, daß sie immer schon eine sehr besorgte Mutter war, eine Mutter, die handelt, um Schaden von der Tochter abzuwenden. Tanja hatte, wüstenbildlich gesehen, wohl kaum jemals eine Gelegenheit, auch nur in die Nähe einer Klapperschlange zu kommen, denn ihre Mutter ist eine Wüstenführerin, die jeder Klapperschlange, die sich an die Erdoberfläche wagt, einen knallharten Kampf angesagt hat. »Die meinen sowieso, sie sind was Besseres«, sagt sie und geht zum sofortigen Angriff über, um zu beweisen, daß sie und ihre Tochter nichts »Schlechteres« sind.

Ihre Einstellung als Wüstenführerin: Die Wildnis ist eine Bedrohung, gegen die man sich nur mit Härte wehren kann – »Man darf sich von niemandem etwas gefallen lassen.« Eine Sichtweise, die nicht gerade die faszinierenden, überraschenden Seiten des Wüstenlebens wahrnimmt. Sie kann sich nicht darauf einlassen, weil sie selbst mit einer tiefsitzenden Angst vor dem Unbekannten der Wildnis in ihr Leben gegangen ist. Wir haben schon des öfteren in diesem Buch gesagt, daß Eltern meist das Beste für ihr Kind wollen. Das will auch Tanjas Mutter. Sie will, daß ihre Tochter keine Angst haben muß. Doch indem sie sie mit aller Vehemenz wie eine Löwin verteidigt, ohne Tanja zu fragen, was die jetzt an Hilfe von ihr braucht, nimmt sie ihr die Chance, ein eigenes Gefühl für Sicherheit zu entwickeln. Indem sie ihr immer wieder sagt, daß sie es doch gar nicht nötig hat, sich von den anderen »rumschubsen« zu lassen, weil sie so klug und hübsch ist, nimmt sie ihr den Schutz, den sie braucht. Der würde zum Beispiel darin bestehen, das Mädchen in den Arm zu nehmen und zu sagen: »Diese blöden Säcke, ich kann verstehen, daß du verletzt bist, ich würde mich in dieser Situation auch ganz hilflos fühlen.«

Tanja ist in dem Gespräch mit der Mutter völlig erstarrt. Sie kann nichts entgegnen, sie kann nicht sagen, »Nein, Mutti, ich will nicht, daß du Birgits Mutter anrufst.« Wenn sie das könnte, dann wäre sie wieder in der Lage, sich zu bewegen. Dann wäre sie auch wieder in der Lage, sich ihrer Umgebung zu öffnen, Kontakt aufzunehmen. Menschen können ihre Grenzen nur durchlässig machen, wenn sie sie auch verteidigen können. Solange wir leben, müssen wir uns mit »Grenzkonflikten« auseinandersetzen. Was Kinder vom Wüstentrip mit ihren Eltern mitnehmen, sind Überlebensstrategien in solchen Konflikten. Wenn die Eltern es schaffen, ihre Autorität als souveräne Wüstenführer zu leben, dann lernen die Kinder offene Strategien, die es möglich machen, erstmal entspannt zu gucken, wer da etwas will. Tanja kann den Konflikt mit ihrer Mutter nur aushalten, wenn sie so tut, als wäre sie gar nicht da. Sie muß sich ganz nach innen zurückziehen. Denn die Überlebensstrategie, die sie durch ihre Eltern entwickelt hat, ist, sich einzuigeln – weil sie nie die Erfahrung machen konnte, daß jemand ihre Grenzen nicht gnadenlos überrennt.

Die Grenzüberschreitungen, von denen hier die Rede ist, sind keine massiven Übertritte. Sie geschehen »unbemerkt«, fallen im Alltag einer Familie, in der sie passieren, gar nicht auf. Was zwischen Tanja und ihrer Mutter in unserer Szene vor sich geht, ist in dieser Familie nichts weiter als die ganz »normale« Art und Weise, in der eine Mutter mit ihrer Tochter umgeht. Normaler Alltag, in dem die Mutter nicht mehr weiter weiß, weil sie nicht versteht, warum die Tochter ihre Ratschläge nicht beherzigt. Normaler Alltag, in dem die Tochter nichts sehnlicher wünscht, als daß die Mutter endlich aufhört, auf den Resten ihres Selbstwertgefühls herumzutrampeln. Normaler Alltag, an dem die unsichtbare Grenzlinie zwischen zwei Menschen nicht offen ist, nicht Nähe, Wärme, Trost durchläßt, sondern von einem Gefühlsstau aus Angst, Enttäuschung und auch Schmerz vereist wird.

Wir sind doch deine Freunde, sagt Tanjas Mutter. Und sie meint das ernst, sie glaubt es wirklich. Eltern können sich aber nicht einfach per Definition zu »Freunden« ihrer Kinder erklären. Es ist nicht ihre Aufgabe, hauptberuflich ein Kumpel zu sein. Ihre Aufgabe ist der Job des Wüstenführers. Und der besteht darin, einem Kind die Chance zu geben, soviel über den heilenden Umgang mit Grenzkonflikten zu lernen, daß sie in allen Beziehungen, die sie im Leben einmal eingehen werden, nicht verletzen müssen – und auch nicht immer wieder verletzt werden. Denn erst dieses Wissen macht Menschen fähig, zusammen zu leben.

Freundschaft funktioniert nur auf einer Basis, die in irgendeinem Gebiet gleichberechtigt ist. Beide müssen etwas geben können, beide etwas nehmen. Eltern und Kinder nähern sich auf ihrem Weg immer weiter an die Gleichberechtigung an. Doch die Eltern müssen für ihre Kinder die Wüstenführer bleiben, so lange es notwendig ist. Vielleicht sehnen sich Eltern danach, Freunde zu haben, wenn sie sich einsam fühlen in der Wüste. Vielleicht sehnen sie sich danach, daß ihnen jemand hilft, wenn sie Angst haben. Das ist besonders häufig der Fall, wenn Mütter und Väter sich nach der Trennung jeweils allein mit den Kindern auf den Weg durch ihre ganz spezielle Wüste machen müssen. Doch Sehnsucht nach Wärme und Geborgenheit zu haben bedeutet nicht, daß es nicht trotzdem möglich ist, ein hervorragender Expeditionsleiter zu sein – wenn Eltern bereit sind zu begreifen, daß ihr Nachwuchs ihnen da nicht helfen kann. Auch Eltern müssen sich unabhängig von ihren Kindern eigene Freunde suchen, um wieder daran glauben zu können, daß man in der Wüste nicht verloren ist.

Übung 6

* Wenn Sie an Ihre Eltern in Ihrer Kindheit denken – wie waren sie als »Wüstenführer«? Wissen Sie etwas über ihre Einstellung zu den Höhen und Tiefen des Lebens in der Wildnis? Haben Sie das Gefühl mitbekommen, daß Ihre Eltern gerne darin unterwegs sind? Wie reagierten sie, wenn Schwierigkeiten auftauchten? Wie, wenn es Gefahren von »außen« gab – zum Beispiel finanzielle Probleme?
* Erinnern Sie sich noch, wie Sie sich als Kind gefühlt haben, wenn Sie mit Unbekanntem konfrontiert wurden? Eine unbekannte Situation, neue Schule zum Beispiel; oder mit Menschen, die nicht zum engeren Umkreis der Familie gehörten? War es eher ein sicheres Gefühl, gemischt mit Neugier? Oder eher ein unsicheres, ängstliches? Haben Ihre Eltern Sie ermutigt, neugierig zu sein? Und konnten Sie zu ihnen gehen, wenn Sie Trost brauchten, oder sich hilflos fühlten?
* Wie würden Sie sich selbst als Wüstenführer einschätzen? Wie schnell greifen Sie ein, zum Beispiel bei einem wilden Spiel? Können Sie sich vorstellen, Ihr Grundschuldkind für ein Wochenende mit der Familie eines Schulfreundes wegfahren zu lassen?
* Wenn Ihr Kind in eine Situation wie Tanja kommen würde – wie würden Sie darauf reagieren?

Den Weg zueinander finden: Warum Offenheit für alle Familienmitglieder lebenswichtig ist

Ein Teenie wird schwanger. Ein Vierzehnjähriger driftet in die Skinhead-Szene ab. Ein Ehemann und Vater von drei Kindern verläßt seine Frau wegen einer jüngeren. Eine Frau greift zu Beruhigungspillen, weil sie ihre erdrückend überbehütende Mutter nach über 40 Jahren nicht mehr aushalten kann. Familiendramen, wie wir sie jeden Sonntag in der »Lindenstraße« verfolgen können. Die Produzenten dieser erfolgreichsten Familienserie des deutschen Fernsehens führen die Begeisterung des Publikums darauf zurück, daß da eben ganz normaler Alltag gezeigt werde. Familienalltag von nebenan, wie ihn jeder kennt. Da fallen offene Worte. Da toben große Auseinandersetzungen. Da wird sich angeschrien, geweint, gelitten – und spätestens in der übernächsten Folge gibt es die Versöhnung, und alle sitzen gemütlich beim Griechen zusammen.

Wir möchten hier die Frage stellen: Ist es wirklich die Tatsache, daß auf dem Bildschirm genau die Probleme auftauchen, die man mit dem eigenen Partner, den eigenen Eltern, den eigenen Kindern auch hat, die TV-Familien ihre Faszination verleiht? Liegt diese Faszination nicht vielleicht eher darin, daß im Drehbuch möglich ist, was im wirklichen Leben eben meist genau nicht passiert – nämlich daß Konflikte hochkommen; daß geredet wird darüber, was los ist; daß es am Ende irgendeine Lösung gibt? Eines der größten und folgenschwersten Probleme in »wirklichen« Familien ist, daß Probleme gar nicht weit genug an die Oberfläche des Zusammenlebens kommen, um Auseinandersetzungen in Gang setzen zu können. Jedenfalls kommen meist nicht die Probleme hoch, um die es wirklich geht und es finden nicht die Auseinandersetzungen statt, die eine Familie weiterbringen.

Wir sind in diesem Buch immer wieder darauf zurückgekommen, daß sich die wesentlichen, entscheidenden Entwicklungen im Zusammenleben von Menschen unterhalb der Bewußtseinsebene abspielen. Wenn etwas schiefläuft, wird das als Unbehagen empfunden. Je nachdem, wie gründlich und wie lange Entwicklungen in eine ungute Richtung laufen, steigert sich das Unbehagen bis zur Schmerzgrenze. Bei Tanja und ihrer Mutter, die wir im vorigen Kapitel kennengelernt haben, ist diese Schwelle schon deutlich erreicht. Das Mädchen fühlt sich hilflos und ausgeliefert. Die Mutter hat das Gefühl, nicht zum Kind durchdringen zu können, und je massiver sie es trotzdem versucht, desto verzweifelter schottet sich die Tochter ab. Alle Entwicklungsmöglichkeiten zwischen den beiden scheinen zum Stillstand gekommen zu sein; keine Lösung in Sicht.

Von außen betrachtet ist die Lage durchaus nicht festgefahren. Es gäbe ja ganz einfache Sätze, die Bewegung und Entspannung in die Situation bringen würden. »Nein, Mutti, ich will nicht, daß du mit Birgits Mutter sprichst. Laß mich bitte in Ruhe« – damit würde Tanja sich nicht mehr ausgeliefert fühlen. Oder: »Ich kann gut verstehen, daß du dich mies fühlst, Tanja, mir würde es genauso gehen. Sag mir einfach, wenn ich dir irgendwie helfen kann.« – damit würde die Mutter ihrer Tochter die Chance einräumen, zu sagen: »Nein danke, ich schaff' das schon allein ...«

Im Familienserien-TV würden solche Sätze wie selbstverständlich fallen. Im real existierenden Familienleben ersticken Menschen fast daran, daß sie diese Worte nicht aussprechen können; oder, mehr noch, daß sie gar nicht die Möglichkeit sehen, so direkt und so offen zu reagieren. Es ist die Sehnsucht, daß es diese Offenheit eigentlich geben muß, daß alles, was festgefahren ist, wieder in Bewegung kommt, die uns am Bildschirm kleben läßt.

Was also macht es in »wirklichen« Familien möglich, oder so verzweifelt unmöglich, offen anzusprechen, wo es wirklich weh tut? Es hat damit zu tun, wie in einer Familie mit den Problemen von »Sich abgrenzen« und »Grenzen respektieren« umgegangen wird. Dieser Umgang ist einer der wichtigsten Faktoren, die das Familienleben prägen. An ihm zeigt sich, wie förderlich, aufbauend, gesund eine Familie ist. Oder wie weit sie in Verstrickungen geraten kann, die alle Mitglieder schwächen und verletzen.

Wir möchten an dieser Stelle noch einmal auf unser Modell vom Familienhaus zurückgreifen. Denn wir haben eine wichtige Baumaßnahme nachzutragen: Im Haus muß es Türen zwischen allen Zimmern, zwischen allen Etagen geben; und es muß auch Türen nach draußen geben. Türen sind Kontaktwege zwischen Menschen. Man kann rausgehen – und die anderen können hereinkommen. Türen sind aber genauso ein Schutz für die Privatsphäre aller Familienmitglieder. Jeder muß seine Tür zumachen können – und jeder muß an eine geschlossene Tür anklopfen können, wenn er es für nötig hält. Wenn ein Kind in einem Familienhaus aufwächst, in dem die Eltern den Umgang mit Türen so handhaben, dann wächst es in einem »gesunden« Familienumfeld auf. Denn dann lebt es von Anfang an mit einem Gefühl dafür, was schützende Grenzen zwischen zwei Menschen sind.

Um sich »gesund« in Richtung Selbständigkeit, Beziehungsfähigkeit, Verantwortungsbereitschaft für andere weiterzuentwickeln, braucht ein Kind in seinem Familienhaus die Möglichkeit, wechselnde Kontakte einzugehen. Es braucht die Möglichkeit, zu erleben, daß jemand »anders« ist – daß der Vater anders ist als die Mutter; der Bruder anders als die Schwester; die kleine Schwester anders als die größere; Mutters Freundin Gabi anders als Vaters Freundin Sylvia. Es braucht die Möglichkeit, sich mit unterschiedlichen Ansprüchen auseinanderzusetzen, die Leute mit ihm verbinden. Es braucht die Möglichkeit herauszufinden, daß es sich unterschiedlich anfühlt, wenn man mit unterschiedlichen Menschen zu tun hat. Das wichtigste, was es dabei mitbekommt: Man muß nicht alles toll finden, aber auch das ist normal. Es ist nicht beängstigend, sondern im Gegenteil außerordentlich spannend.

Das große Familien-Wir ist eine schöne Idee; aber es gibt dieses Wir nicht als Gratiszugabe, »bloß« weil man als Familie zusammenlebt. Was es gibt, geben muß, damit das Leben in einer Familie prall und voll ist, damit Konflikte geheilt und Probleme gelöst werden können, das sind echte, spürbare Kontakte: Kontakte zwischen Vater und Mutter, zwischen Mutter und Tochter, zwischen Mutter und Sohn, zwischen Vater und Tochter, zwischen Vater und Sohn, zwischen Bruder und Schwester. Kontakt heißt, daß grundsätzlich Kommunikation in beide Richtungen möglich ist, daß zum Beispiel der eine fragen kann, wenn er etwas wissen möchte, oder meckern, wenn ihm etwas nicht gefällt – und daß der andere seinerseits darauf reagieren kann: mit einer Erklärung, einer Entschuldigung oder damit, daß er einfach sagt, tut mir leid, aber leck mich heute am Senkel … Kontakt im Zusammenleben heißt aber auch und ganz besonders, daß zwei Menschen im Familienhaus die Tür hinter sich zumachen können, um miteinander für eine Weile ungestört zu sein.

Wenn zwei eine Tür zumachen, die sonst grundsätzlich für alle offen ist, schaffen sie zwischen sich Nähe, Intimität, Wichtigkeit. Die Grenzen zwischen den beiden werden aufgehoben, um eine Koalition zu bilden. Es muß im Familienhaus für alle möglich sein, die Zimmer und die Etage zu wechseln, um Koalitionen miteinander einzugehen, das heißt, etwas nur zu zweit zu unternehmen. Es heißt auch, Schwierigkeiten miteinander zu besprechen, von denen die anderen in dem Moment nichts wissen. Es heißt, zu kichern über etwas, das die anderen gar nicht verstehen können. Es heißt, getröstet zu werden oder Trost anzubieten. Es heißt, jemanden um Rat zu fragen oder jemandem einen Lösungsweg zu zeigen, den dieser vielleicht nicht sieht. Solche Koalitionen sind Kontakt, sind Austausch, sind Stärkung – ein Stück Vertrautheit, das den Rest der Welt vorübergehend ausschließt. Vorübergehend ist dabei das Schlüsselwort.

In der Möglichkeit, sich für einen Moment, für eine bestimmte Situation sehr nah sein zu können, sich am nächsten Tag und in einer anderen Situation aber auch wieder mit jemand anderem zu verbünden, sich allein in sein Zimmer zurückzuziehen oder sich um Kontakte außerhalb des »Familienhauses« zu kümmern, liegt eine große Heilkraft für alle Familienmitglieder – denn durch diese Beweglichkeit bleibt jeder als eigenständige Persönlichkeit erhalten. Keiner wird eingeengt, keiner ausgeschlossen. Für ein Kind gibt es keine bessere Vorbereitung darauf, Beziehungen eingehen zu können, als in seiner Familie den natürlichen und gesunden Wechsel von Nähe und Distanz kennenzulernen.

Wenn man sich den Grundriß des Familienhauses noch mal vor Augen führt, dann wird schnell klar: Es gibt zwei Grundkoalitionen, die auf gleichberechtigtem Niveau, nämlich auf der gleichen Etage, bestehen. Da ist die Wüstenführer-Koalition zwischen den Eltern. Darin muß eine felsenfest verankerte Solidarität herrschen, die es verträgt, daß es auch mal Streit gibt, etwa über den richtigen Umgang mit Klapperschlangen. Grundsätzlich besteht aber Übereinstimmung darüber, den Kindern die Erfahrung zu vermitteln, Reptilien mit Vorsicht und Respekt zu beobachten – auch wenn die Eltern sich als Paar trennen, muß diese Wüstenführer-Solidarität bestehen bleiben. Es gibt ferner die Grundkoalition auf der Kinderetage unter den Geschwistern. Auch die will, wir haben es beim Rundgang durchs Familienhaus schon ausführlich beschrieben, erstmal erstritten werden.

Etagenübergreifend gibt es als grundsätzlich lebenswichtige Koalitionen die »Frauenkoalition« zwischen Mutter und Tochter; die »Männerkoalition« zwischen Vater und Sohn und die gegengeschlechtliche(n) Koalition(en) Mutter / Sohn und Vater / Tochter. In der Geschlechterkoalition entwickelt sich ein starkes, geschütztes Gefühl dafür, was Frausein bzw. Mannsein heißt. In der weiblichen Solidarität mit der Mutter lernt ein Mädchen, sich als Frau gegen Männer zu schützen, keine Angst davor zu haben, daß Männer anders sind als Frauen. Genauso dringend braucht ein Junge die Solidarität mit seinem Vater, um sich gegen Frauen abgrenzen zu können, um sich in seiner Rolle als Mann sicher genug zu fühlen, um vor Frauen nicht wegrennen und Frauen nicht niedermachen zu müssen. Während bei Töchtern wie Söhnen die Koalition mit dem jeweils gegengeschlechtlichen Elternteil eine lockere Vertrautheit schafft, die es möglich macht, unverkrampft auf das andere Geschlecht zuzugehen.

Wenn in einer Familie jede dieser Koalitionen vorhanden ist und jedes dieser Bündnisse stark ist und offen einsehbar, dann kann in dieser Familie niemandem etwas passieren. Taucht an einer Stelle ein Problem auf, dann sorgt die Beweglichkeit der Beziehungen dafür, daß Selbstheilungskräfte in Gang gesetzt werden. Macht die Mutter der Tochter massive Vorwürfe, weil sie nicht um acht, sondern erst um zehn nach Hause gekommen ist, kann der Vater dazwischengehen und sagen »Nun laß sie doch auch mal zu Wort kommen und erklären, was denn so spannend war auf der Fete.« Liegt der Vater mit der Tochter im Clinch, kann der Bruder sie in den Arm nehmen und sagen »Ach, mach dir nichts daraus, der hat Zoff im Büro.« Kommt Mutter genervt nach Hause und schreit die Kinder an, weil deren Sachen überall herumfliegen und niemand fürs Abendessen eingekauft hat, kann Vater sagen »Kinder, vergeßt es, ich lad' euch zum Essen ein, laßt eure Mutter sich erst einmal beruhigen, dann kann sie ja nachkommen, wenn ihr danach ist.«

In einer Familie, in der alle Verbindungslinien zwischen den Mitgliedern funktionieren, sind solche Interventionen jederzeit möglich. Und jede dieser Interventionen bringt Entspannung in die Situation zwischen zwei Menschen. Beide können dann darüber lachen, oder sie können sich anschreien. Aber es gibt keinen Grenzkonflikt, der sich tief einfressen könnte. Es können sich auch keine Dauerschräglagen im Familiengleichgewicht einschleichen, die entstehen, wenn eine Verbindungstür zwischen zwei Mitgliedern immer verschlossen ist oder wenn sich immer die gleichen hinter verschlossene Türen zurückziehen, und alle anderen stehen draußen.

Wenn so etwas passiert, wenn es heimliche Koalitionen gibt und unbewegliche Türen, dann geraten alle Familienmitglieder immer weiter in einen Stillstand hinein. Dann verstricken sich die Beziehungen untereinander zunehmend. Das Verbindungsnetz erstarrt, und jeder einzelne in dieser Familie steckt darin fest.

Ein schräger Vogel

Es springt nicht an. Das verdammte Auto springt nicht an. Und sie muß doch losfahren; endlich losfahren, damit die sie nicht kriegen können. Panik. Und dazu immer dieses Telefon, das irgendwo klingelt und klingelt und klingelt ...

Das Telefon! Mit einem Ruck war Maren wach. Halb im Schatten ihres Traumes stellte sie fest, daß es draußen noch dunkel war. Wie spät? 6 Uhr 30 zeigte die Digitalanzeige des Radioweckers. Maren ließ sich ins Kissen zurückfallen. Das Telefon klingelte immer noch. Sie wußte, wer dran war. Um die Zeit konnte es nur einer sein. »Guten Morgen, junge Frau«, brüllte ihr die vertraute Stimme wach und forsch ins Ohr, »Zeit zum Aufstehen, Arbeiten, Geldverdienen ...«

Maren stöhnte leise. »Mensch, Papa, du alter Spinner, was kann ich denn dafür, wenn du unter seniler Bettflucht leidest.« Und sie merkte, wie sich in ihr die altbekannte Alarmglocke rührte. Nur mit halbem Ohr hörte sie, wie ihr Vater eine seiner betont lockeren Bemerkungen machte von diesen Freiberuflern, die bis mittags in den Federn liegen, während seriöse Menschen ... Die Alarmglocke schrillte lauter. Sie sah ihn vor sich, wie er an seinem Schreibtisch saß, das Fenster des Arbeitszimmer weit geöffnet, um die Morgenluft hereinzulassen – die Tür geschlossen, damit Mutter nichts mitkriegt. Mutter, die noch schläft.

Oder vielmehr, die um diese Zeit gerade eingeschlafen sein würde, dachte Maren bitter, und merkte, wie sie beim Gedanken an ihre Mutter wütend wurde. »Ich bin wie gerädert; ich habe die ganze Nacht kein Auge zugetan!« Wie oft Maren diesen Satz von ihr gehört hatte, und wie sehr hatte sie ihn gehaßt. Er bedeutete, daß die Mutter ohne Vorwarnung wegen irgendeiner lächerlichen Kleinigkeit einen Tobsuchtsanfall kriegen konnte. »Mutti ist fürchterlich nervös«, sagte ihr Vater einmal, als Maren zwölf war und vor Wut und Hilflosigkeit über einen Ausbruch ihrer Mutter weinte. »Wir müssen viel Verständnis für sie haben.« Und er sah in dem Moment sehr hilflos aus. »Du bist doch meine Große, du verstehst das doch«, sagte er fast flehend. Es war das erste Mal, daß Maren ihren Vater so ratlos erlebte.

Marens Vater war ein Mensch, der Erfolg gewohnt war. Als Anwalt eine Kapazität, eine Größe für hoffnungslose Fälle. Auch Marens Mutter hatte Jura studiert. Doch gleich nach dem Examen wurde Maren geboren, fünf Jahre später Uwe, der kleine Bruder. Maren erinnerte sich daran, daß ihre Eltern immer sagten: »Solange die Kinder klein sind, ist es besser, wenn die Mutter bei ihnen ist.« Marens Mutter ging nie in den Beruf zurück. »Das wäre eine viel zu große Belastung für sie gewesen, mit zwei Kindern« war die Erklärung, wenn mal wieder jemand fragte.

»Wollte mal hören, wie es dir so geht«, brüllte Marens Vater ins Telefon. »Man kriegt ja gar nichts mehr mit, seit du so weit weg bist.« Maren seufzte. »600 Kilometer, Papa, das ist nicht die Welt. Mir geht's prima.« Schweigen am anderen Ende der Leitung. Natürlich Schweigen ... Maren wußte, daß ihr Vater sie nie anrufen würde, bloß weil ihn interessierte, wie es ihr geht. Sie zögerte einen Moment. Sie wollte die Frage nicht stellen. Und doch hörte sie ihre Stimme sagen »Und wie geht es so bei euch?«

Ihr Vater räusperte sich. »Eigentlich nichts weiter Besonderes, kann man nicht sagen. Mutti hat neue Vorhänge gekauft. Ach ja, ich hab' den Prozeß gewonnen, von dem ich dir das letzte Mal erzählt habe, und ...« Er ließ den Satz ins Leere laufen, er interessierte ihn nicht. Maren wartete. »Dein Bruder«, sagte ihr Vater schließlich, »dein Bruder hat die Stelle bei Müller und Co. auch schon wieder hingeschmissen.« Das war es also! Maren schloß für einen Moment die Augen. Der kleine Bruder.

26 war er jetzt. Sie dachte an ihren letzten Besuch bei den Eltern und an Uwe, wie er in seinem Zimmer unterm Dach des elterlichen Hauses hockte, weggetreten von der Flasche Wein nachmittags um drei. In seinem Kopfhörer dröhnte irgendeine italienische Oper. »Wie hältst du das Leben hier so aus«, hatte sie ihn gefragt. »Warum ziehst du nicht aus?« Er lächelte.

Uwe konnte faszinierend lächeln. Eine Mischung aus Engel und Teufel. »Du schräger Vogel«, Maren erinnerte sich, daß ihre Mutter ihn schon zärtlich so betitelt hatte, als er sechzehn war, »dir kann man gar nicht böse sein.« Uwe baute soviel Mist, daß es reichlich Gelegenheit gab, ihm zu verzeihen. Sein Lächeln wirkte immer. Die Schule schaffte er so gerade. Aber Maren wurde den Verdacht nie los, daß ihr Vater irgendwas gedreht hatte. Uwe sprach davon, Schauspieler zu werden. Blödsinn, sagte Vater. Das Jura-Studium schmiß Uwe nach dem dritten Semester.

»Maren«, die Stimme ihres Vater klang angespannt, »was sollen wir mit deinem Bruder bloß machen?« Er wartete. Maren fühlte sich schwach. Sieben Uhr Morgens. Sie wollte nicht antworten müssen. Sie wollte einen Kaffee trinken, Zeitung lesen, nichts denken. »Was meint Mutti denn?« fragte sie schließlich zurück. »Um Himmels Willen, die weiß noch nichts davon, die denkt, Uwe hat Urlaub«, sagte er hastig, und mit einer Spur von Vorwurf, »du weißt doch, wie sie sich immer aufregt.«

Maren stöhnte leise. »Und Uwe, was sagt der dazu?« fragte sie dann. Pause. »Gar nichts weiter«, meinte ihr Vater schließlich. »Du kennst doch seine flapsigen Sprüche ...« Pause. Irgendwo weit weg in der Leitung war eine andere Stimme. »Maren?« Maren biß sich auf die Lippen. »Maren, könntest du nicht ...« Sie wußte, was er wollte. Sie wußte auch, daß sie nicht wollte, bloß das nicht schon wieder. »Was?« fragte sie kurz. »Maren, du mußt herkommen.« Sie sagte nichts. »Maren, du hast uns schon so lange nicht mehr besucht, du könntest doch mal wieder vorbeikommen«, ihr Vater sprach schnell, als hätte er endlich die geniale Idee gehabt. »Wir sagen, du seist rein zufällig in der Gegend. Du mußt eine Gelegenheit finden, mit Uwe zu reden. Mit dir spricht er vielleicht.«

Nein, dachte Maren, nein, nein, nein. »Papa, ich hab' echt wahnsinnig viel zu tun im Moment, und ...« Sie hörte ihren Vater tief atmen. »Ach so, na ja. Dann laß mal gut sein. Ich dachte nur ...« Ach verdammt! Maren wußte, daß sie verloren hatte. »Okay, Papa, ich versuche, was zu arrangieren, damit ich kurz weg kann. Ich ruf' dich später an.« Sie wollte auflegen, da hörte sie noch: »Aber, Maren ...« – »Ja?« – »Maren, ruf mich im Büro an, nicht hier, ja? Und sag Mama am besten gar nichts davon, daß ich mit dir gesprochen haben, ja?«

Maren legte auf. Draußen wurde es hell. Sie fühlte sich elend. 600 Kilometer, dachte sie. 600 Kilometer sind nicht weit genug weg. Längst nicht weit genug ...

Was immer sich in Familien an gegenseitigen Verstrickungen auch entwickelt – es entwickelt sich langsam, über Jahre hinweg. An der Oberfläche funktioniert das Räderwerk der Alltagsbeziehungen wie geschmiert. Es kommt jedoch der Zeitpunkt, an dem kaum mehr zu leugnen ist, daß irgend etwas im trauten Beisammensein nicht stimmt. Marens Familie ist da keine Ausnahme. Und es ist auch keine Ausnahme, daß ein Problem in einer Familie nicht an der Stelle deutlich wird, an der es wirklich hakt.

Die Beweglichkeit und damit die Selbstheilungskraft des Beziehungsnetzes in der Familie, wie wir es vorhin als Idealfall beschrieben haben, steht und fällt immer mit der Beweglichkeit der Wüstenführer-Koalition. Die Türen zwischen den beiden auf der Elternetage müssen geöffnet und geschlossen werden können. Nur so wächst die starke, im wahrsten Sinne des Wortes kampferprobte Solidarität der Eltern, die die Kinder brauchen. Nur so ist es möglich, daß ein Kind zur Mutter und zum Vater gleichermaßen eine enge Verbindung aufbauen und sich dann auch wieder in sein eigenes Zimmer, auf seine sichere Kinderetage zurückziehen kann, wo es tun und lassen kann, was es möchte.

Maren ist 31. Sie hat, wie wir in der Szene gehört haben, 600 Kilometer zwischen sich und die Stadt ihrer Eltern gebracht. Und sie fühlt sich immer noch nicht so, als könnte sie tun und lassen, was sie möchte. Im Gegenteil: Sie muß, wieder einmal, genau das tun, was sie am meisten haßt und verabscheut. Sie muß die ganze Problemlast ihrer Familie auf sich nehmen. Genauer gesagt, sie muß sich um das kümmern, was in dieser Familie offiziell das Problem ist: der Bruder, der »schräge Vogel«, der nichts auf die Reihe bringt. Maren fühlt sich gefangen in dieser festgefahrenen Situation. Sie zappelt genauso in einem festgezurrten Netz wie ihr Bruder auch. Doch die Knoten, die das Beziehungsgeflecht dieser Familie so fest zuziehen, daß kaum noch Bewegung möglich ist, wurden nicht von den Geschwistern geknüpft.

Die Rolle als Problemlöserin ist Maren nur zu vertraut. Schon mit zwölf war sie Papas »Große«, mußte Verständnis haben, vernünftig sein, haben wir gehört. »Bitte hilf mir« ist, rein theoretisch, in einer Familie kein schlimmer, verletzender Satz; wenn es ein Satz ist, der eine Koalition zwischen Vater und Tochter in einer ganz bestimmten, klar umrissenen Angelegenheit herstellt. »Ich habe im Moment große Probleme mit Mama, bitte hilf mir, und nerv' mich heute nicht auch noch zusätzlich« wäre zum Beispiel eine solche klare Aufforderung. Eine Aufforderung, die der Tochter die Chance läßt, darauf so zu reagieren, wie es ihrer Seelenlage entspricht. Sie kann sagen »Na gut, tut mir leid, das zu hören, aber macht euren Kram unter euch aus,« und sich dezent zurückziehen. Oder sie kann sagen »Mensch, Papa, mir geht es aber wirklich sehr schlecht, ich brauche dringend deinen Rat.«

Die Verbindung zwischen Maren und ihrem Vater läuft nicht auf einer solchen offenen Schiene. Maren ist nicht frei in ihren Reaktionen. Auch als längst »erwachsene« Frau hat sie immer noch nicht die Chance zu sagen, die Eltern sollen ihren Kram allein ausmachen. Sie kann nicht so reagieren, daß ihre Bedürfnisse geschützt werden. Sie sagt Sätze, die sie eigentlich gar nicht sagen will. Läßt sich darauf ein, dem unausgesprochenen Wunsch des Vaters zu folgen, für ihn eine Lösung zu finden. Nicht gesagte Sätze haben in Familien eine gewaltige Macht. Unausgesprochene Wünsche kann man nicht klar abschlagen. Gegen unausgesprochene Vorwürfe kann man nicht klar protestieren. Zwischen Maren und ihrem Vater wird ein »Spiel« gespielt, das wir zum ersten Mal beim Rundgang durchs Familienhaus im Paarzimmer kennengelernt haben. Es war nie ein legitimes Spiel zwischen Vater und Tochter, denn bei dem hätte er als Wüstenführer die Verantwortung zu übernehmen dafür, daß die Tochter nichts tun muß, was sie nicht aushalten kann. Es ist ein Spiel zwischen Partnern, das die Probleme der Beziehung umgehen soll. Maren ist in ihrer Familie von ihrem Vater zu seiner heimlichen Koalitionspartnerin gemacht worden.

Die Tür zwischen ihren Eltern ist schon lange zu; die Wüstenführer-Koalition funktioniert nicht. Es würde hier zu weit führen, die Bruchstellen in der Beziehung von Marens Eltern im Detail zu beleuchten. Was wir in der Szene mitbekommen haben, ist, daß da zwei Menschen zusammengekommen sind, die es (immer noch) nicht geschafft haben, mit ihren Vorgehensweisen in schwierigen Situationen einander zu erreichen. Der Vater ist ein Macher, der aber nicht direkt »machen« kann; und der außerdem nach zwanzig Jahren immer noch so tut, als gäbe es im Großen und Ganzen überhaupt kein Problem zwischen ihm und seiner Frau. Die Mutter zieht sich in sich selbst zurück, in Depression, in die Situation, nicht »belastbar« zu sein.

Wenn in einer Beziehung nicht gesprochen werden kann über Enttäuschungen und Verzicht, dann baut sich immer mehr Seelenmüll vor der verschlossenen Tür auf. Das macht beiden Angst. Und das tut weh. Die Familienlösung ist in so einem Fall fast immer: Einer der Eltern sucht sich in der Kinderetage jemanden, der ihm Trost, Hilfe und Freude geben kann. Und dabei wird der andere Elternteil aus dem Beziehungsgeflecht der Familie ausgeschlossen. Denn Kinder ertragen es nicht, mit dem Gefühl zu leben, daß Papa (oder eben Mama) der Mutter (bzw. dem Vater) wehtut. Wenn ein Elternteil einem Kind aber genau dieses Gefühl vermittelt, dann ist es diesem Kind nicht mehr möglich, mit dem anderen Elternteil eine offene, heilende Verbindung aufzunehmen. Dann ist es ihm nicht möglich zu fragen: »Warum machst du das mit Mama (Papa)? Es macht mich traurig.« Das gesamte Beziehungsnetz, das allen in der Familie die Möglichkeit zu Wachstum und Weiterentwicklung bringt, ist damit nicht mehr intakt.

Diese »Lösung« wird um so unvermeidlicher eingeschlagen, wenn es im Familienhaus keine Türen nach draußen gibt. Solange Eltern intensive Verbindungen zu Freunden außerhalb der Familie haben, gibt es für sie immer noch die Chance, sich dort auszuweinen und von dort Impulse und neue Kraft zu holen, die die scheinbar verfahrene Situation entlasten und wieder in Gang bringen können. Das Vertrackte am Beziehungsgeflecht in Familien wie der von Maren ist allerdings, daß Eltern, denen es so unendlich schwer fällt, miteinander über ihre Probleme zu reden und eine heilende Lösung zu finden, sehr häufig weder in Freundschaften außerhalb der Familie noch in Verbindungen zu ihren eigenen Kindheitsfamilien enge, unterstützende Kontakte aufbauen konnten.

In Marens Familie sucht der Vater sich in seiner Tochter eine neue Koalitionspartnerin. Die Mutter ist die dunkle Fee im Spiel, die dabei vor verschlossenen Türen steht. Das ist nicht ganz typisch – es kommt wesentlich häufiger vor, daß Mütter sich den Ausgleich bei ihren Kindern oder vielmehr bei einem ihrer Kinder suchen, und Väter außen vor sind. An den Verletzungen, die Eltern ihren Kindern dabei zufügen, ändert es allerdings überhaupt nichts, ob nun Mutter oder Vater ein Kind als Seelentröster zu sich in die Elternetage holt. Und es ändert auch nichts an der Tatsache, daß die ganze Familie damit in eine auf Dauer für alle lebensfeindliche Erstarrung gerät.

Ein Kind, das als heimlicher Koalitionspartner Jobs für Vater oder Mutter erledigen muß, wird, bitter gesagt, um seine Kindheit gebracht. Maren durfte nicht schwach sein. Sie durfte nicht traurig sein. Sie durfte nicht einmal wütend sein über die Mutter. Es gab niemanden, der sie trösten konnte. Ein Kind, das in einer solchen Koalition aufwächst, entwickelt eine Überlebensstrategie auf dem Weg durch die »Wüste«, die nicht darauf aufgebaut ist, die eigenen Grenzen zu schützen, und auch nicht darauf, entspannt ins Leben zu gehen. Ihre Freunde sagen manchmal über Maren, daß sie so unter Dampf steht, als könnte sie jede Sekunde explodieren. Ein Workaholic, der es nicht ertragen kann, wenn mal irgendwann eine Stunde lang kein Programm geplant ist.

Was wohlmeinende Verwandte und Bekannte der Familie hinter vorgehaltener Hand bemerken, ist natürlich: »Kaum zu glauben, daß diese tolle, erfolgreiche junge Frau und dieser Versager Uwe Geschwister sind. Die armen Eltern sind wirklich geschlagen mit diesem Sohn ...« Wir haben vorhin gesagt, daß ein Kind dann am »gesündesten« aufwächst, wenn es in seiner Familie Gelegenheit hat, unterschiedliche Beziehungen aufzubauen; und wenn es in diesen Beziehungen nicht nur gestützt und gestärkt wird, sondern immer wieder auch lernt, sich mit Forderungen von Leuten auseinanderzusetzen und selbst Forderungen zu stellen. Wenn nun in einer Familie eine heimliche Verbindungsachse wie die zwischen Maren und ihrem Vater besteht, dann funktioniert das freie Wechselspiel im Beziehungsnetz für die anderen Geschwister nicht mehr.

Wir reden hier, um dies noch einmal deutlich zu machen, von Entwicklungen, die niemandem in der Familie bewußt sind. Entwicklungen, die sich als mehr oder weniger »dumpfe« Gefühle bemerkbar machen. Maren hat das Gefühl, sich unendlich anstrengen zu müssen, um in ihrer Familie die Probleme zu beseitigen, weil sonst niemand da ist, der das machen könnte. Uwe ist mit anderen Gefühlen aufgewachsen. Gefühle, in denen Machtlosigkeit und Ausgeliefertsein überwiegen. Er hatte keine Chance, sich seinen Platz in der Familie im Clinch mit seiner Schwester selbständig zu erobern. Denn die ist ja vom Vater mit der »Macht« ausgestattet worden, mit ihm Verantwortung für das ganze Familienunternehmen zu tragen. Uwe ist aufgewachsen mit einer Mutter, die als Wüstenführerin wegen »mangelnder Belastbarkeit« ausgebootet ist; sie konnte ihren Sohn weder aufbauen, noch konnte sie ihm Grenzen setzen. Uwe ist aufgewachsen mit einem Vater, der als Wüstenführer ebenso gescheitert ist, denn er hat einem Kind, seiner Tochter, in schwieriger Lage die Verantwortung aufgedrückt – und kann damit beide Kinder nicht mehr schützen. Einen Freiraum, um Selbstbewußtsein und ein Gespür für Eigenverantwortung aufzubauen, läßt dieser Vater seinem Sohn folglich auch nicht. Er fegt den, möglicherweise unrealistischen, aber immerhin eigenständigen Berufswunsch »Schauspieler« ohne Diskussion vom Tisch. Uwe fügt sich, resigniert. Er kann nicht anders, denn in seiner in allen Familienverbindungen machtlosen Position hatte er überhaupt keine Chance, als Überlebensstrategie einen Hang zum Kämpferischen zu entwickeln.

Um so weniger, als sich der Vater mit allen Kräften bemüht, daß in der Familie alles ganz locker und normal aussieht. Es gibt keine offenen Konflikte, es gibt keine offenen Auseinandersetzungen. Die Kommunikation läuft um drei Ecken. Direkte, offene Kontakte zwischen den Familienmitgliedern finden schon lange nicht mehr statt. Kaum etwas lähmt Familien mehr, kaum etwas hat eine verheerendere Auswirkung auf die Handlungsfähigkeit aller Beteiligten, als eine Harmoniesoße über einem Gebrodel aus Ratlosigkeit und Enttäuschung, unterdrückter Wut und Angst. Die Aggressionen, die Vorwürfe, die Empörung sind trotzdem vorhanden. Sie können sich nicht in einer klaren Auseinandersetzung entladen. Das läßt die Heimlichkeit wachsen, und mit der Heimlichkeit wachsen die Probleme – was noch mehr Harmoniesoße erfordert, um die wachsenden Probleme zu übertönen ...

Eine Situation, die für alle immer unerträglicher und immer auswegloser wird. Denn in Familien, in denen sich nie ein offenes, entlastendes Beziehungsnetz aufbauen konnte, existiert immer eine abgrundtiefe Angst davor, irgend etwas am Gefüge des Zusammenlebens zu ändern. Diese Angst fordert allen Familienmitgliedern ungeheure Energien ab; jeder versucht, sich so zu arrangieren, daß es trotzdem möglich ist, in und mit diesen Verstrickungen weiterzuleben. Jeder versucht, sich seine Nische zu basteln, in der er möglichst wenig verletzt wird. Marens Mutter benutzt ihre Schlaflosigkeit und ihre Nicht-Belastbarkeit – als Vergeltung, als Abgrenzung, als Hilferuf. Marens Vater klammert sich an seine »Ersatzpartnerin« Maren. Maren selbst versucht in einem gesunden Impuls, Distanz zu gewinnen – doch die räumliche Entfernung nützt ihr auch nicht viel, wie sie feststellen muß.

Ihr kleiner Bruder Uwe ist das schwächste Rädchen im Getriebe seiner »Bei uns ist doch alles in Ordnung«-Familie. Eine nicht untypische Folge dieser Dauerbelastung: der- oder diejenige unter den Geschwistern, der die wenigsten Chancen hatte, sich abzugrenzen, gegen die anderen Familienmitglieder aufzubegehren, seine Wut loszuwerden, entwickelt selbstzerstörerische Tendenzen. Eine Art Überlebens-Boykott, um nicht erwachsen werden zu müssen und Verantwortung zu übernehmen, der man sich nicht gewachsen fühlt. Magersucht ist solch ein typisches Symptom bei jungen Mädchen. Alle anderen Formen von Sucht, Alkohol-, Drogen-, Spielsucht sind ebenfalls Versuche des Überlebens-Boykotts, ferner Depressionen oder komplette Schul- und Ausbildungsverweigerung. Uwe hat das Studium abgebrochen, schmeißt die Jobs, die ihm sein Vater besorgt; und er schafft es nicht, das Haus seiner Eltern zu verlassen, sich zu befreien.

An dieser Situation haben alle Familienmitglieder ungewollt mitgestrickt. Wie jedes Kind, das irgendwann – und sei es auch nach Jahren, längst erwachsen – ein Symptom entwickelt, erfüllt Uwe in dem ganz speziellen Netzwerk seiner Familie nun auch wieder eine Aufgabe. Alle müssen sich um ihn Sorgen machen. Der Vater ist wieder einmal mit heimlichem Krisenmanagement beschäftigt. Die Mutter muß wieder einmal vor etwas geschont werden, die Schwester wieder einmal 600 Kilometer weit fahren, um rein zufällig eine Gelegenheit zu finden, mit ihrem Bruder zu reden. Es herrscht also hektische Betriebsamkeit – die wieder einmal davon ablenkt, daß zwischen den Eltern alle Kanäle zugefroren sind.

Die Art und Weise, in der eine Familie versucht, mit Problemen fertigzuwerden, ist immer ein einmaliges, kreatives, faszinierendes Gesamtkunstwerk. Es liegt fern von uns, den dabei gefundenen Lösungen ein »richtig« oder »falsch« zuzuordnen. Jede Lösung ist richtig, solange alle Familienmitglieder gut damit leben können. Wobei die Betonung auf »alle« und auf »gut« liegt. Wenn ein Lösungsversuch darin besteht, die Stellen, an denen es wirklich weh tut, einfach zu umgehen, dann kann er auf Dauer nicht funktionieren; denn dann geht es auf Dauer mindestens einem Familienmitglied überhaupt nicht mehr gut damit.

Wir haben gehört, daß Uwe schon mit 16 »nur Mist« gebaut hat. Und wir können davon ausgehen, daß schon zu diesem Zeitpunkt die bewährte Familienlösung »Vater zieht Tochter zwecks Krisenmanagement heran« so gehandhabt wurde. Einseitige Lösungen verstricken Familien um so qualvoller miteinander, je länger sie nicht durchbrochen werden können. Diese Stricke können außerordentlich mächtig sein. Maren muß erkennen, daß 600 Kilometer nicht reichen, um ihnen zu entkommen. »Befreit« ist sie erst in dem Moment, in dem sie nicht nur erkennen, sondern begreifen kann, daß es nicht ihr Job ist, alle Probleme ihrer Familie zu lösen. Befreit ist sie in dem Moment, in dem sie ihrem Vater sagen kann »Papa, ich kann dir da nicht helfen, du mußt mit Mutter reden, und ihr müßt überlegen, was ihr jetzt tun wollt.«

Egoistische Schwester? Undankbare Tochter? Mag sein, daß ihr Vater es erstmal so sieht. Doch in dem Moment, in dem sie stark und erwachsen genug ist, das altvertraute Familienspiel nicht mehr mitzuspielen, verändert sich etwas in dieser Familie. Wo vorher nur Stillstand war, kann jetzt wieder Bewegung entstehen. Mag sein, daß diese Bewegung die Trennung der Eltern bewirkt – für beide ist auch das eine neue Chance. Und der Bruder wird gezwungen, sich auf seinen eigenen Weg zu machen – der möglicherweise durch eine Therapie führen muß. Denn das Leben im Haus der Eltern, das ihn einerseits erdrückt, ist andererseits auch sein Ersatzschutz vor dem Leben – er muß mit 26 endlich das nachholen, was er in seiner Familie nicht lernen konnte: sich selbst zu schützen und damit auch die Menschen, mit denen er zu tun hat.

Wir haben uns mit den Verflechtungen in Marens Familie sehr ausführlich beschäftigt, weil sie viele Stränge der Familienbande, und damit viele Stränge dieses Buches vereinen. Es ist nicht die Last der Probleme – ob sie nun von innen oder von außen kommen –, die Familien ins Schlingern bringen. Es ist die innere Logik, mit der in einer Familie darauf reagiert wird, genauer gesagt: die Logik des Beziehungsnetzes in dieser Familie. Es ist die Fähigkeit, oder die Unfähigkeit, Konflikte zuzulassen und eine für alle verträgliche Lösung zu finden, die darüber entscheidet, in welche Richtung sich Familienverknüpfungen entwickeln. Eltern können alle möglichen Probleme mit sich und dem Leben haben. Sie können depressiv sein. Sie können schwer neurotisch sein. Sie können beruflich baden gehen. Sie können Schulden haben. Es kann auch sein, daß Eltern ein Kind haben, das behindert auf die Welt kommt. Zu einem Schmerz, der alle in der Familie belastet, alle auf Dauer schwer verletzen kann, wird ein Problem erst dadurch, daß es nicht sein darf, daß es in der Beziehung der Eltern nicht sein darf und daß es für ein Kind nicht sein darf.

Wenn eine Mutter niedergeschlagen und traurig am Tisch sitzt, und das Kind fragt: »Mutti, was hast du denn?«, dann muß die Mutter nicht mit tapferem Lächeln antworten: »Ach, gar nichts.« Sie könnte ja auch einfach sagen, wie es ist: »Ich bin heute fürchterlich traurig.« Oder: »Ich bin heute sehr wütend auf deinen Vater gewesen.« Damit wird klar: Das ist eine Sache, die nichts mit dir und meiner Beziehung zu dir zu tun hat, sondern eine Angelegenheit, die hier bei uns auf der Elternetage gelöst werden muß – und gelöst werden wird.

Mit der zweiten Variante sendet sie dem Kind eine klare Botschaft, die besagt: »Es gibt ein Problem, und damit kann man umgehen.« Doch wenn sie zu dieser Offenheit nicht in der Lage ist, dann vermitteln sich dem Kind sogenannte Doppelbotschaften. Ein Kind spürt, wenn es ein Problem gibt, sei es in der Beziehung der Eltern, sei es mit dem Bruder, mit der Schwester. Wenn es aber nicht klar erfahren kann, was los ist, dann geht es immer davon aus: Die ganze Sache hat etwas mit mir zu tun. Ich muß irgend etwas machen, damit alles wieder gut wird.

Jede heimliche Koalition zwischen Eltern- und Kinderetage im Familienhaus ist mit solchen Doppelbotschaften verbunden. Gegen die gewaltige Macht solcher Botschaften und der damit verbunden Aufträge kann sich kein Kind wehren. Und solange es diese Doppelbotschaft nicht erkennen, das Netzwerk seiner Familie nicht durchschauen kann, lebt es mit einer großen Hypothek – einer Hypothek, die jede Beziehung belastet.

Übung 7

Wir haben auf den letzten Seiten erklärt, warum das Netz der Beziehungen in einer Familie für die Entwicklung jedes einzelnen Familienmitgliedes eine entscheidende Bedeutung hat. Um die (möglichen) Beziehungen in einer Familie noch einmal aufzuführen:

Mutter – Vater
Mutter – Tochter
Mutter – Sohn
Vater – Tochter
Vater – Sohn

Bruder – Schwester (je nach Anzahl der Kinder muß jede mögliche Geschwisterverbindung erfaßt sein)

* Schreiben Sie sich jede der oben aufgeführten Verbindungen auf ein Blatt Papier und notieren sie unter jeder Verbindung ein paar Stichworte dazu, wie sie diese spezielle Beziehung in der Familie Ihrer Kindheit empfunden haben. Lassen Sie sich Zeit, sich zu erinnern. Wie war Ihre Verbindung zur Mutter? Wie die zum Vater? Wie zum Bruder, zur Schwester? Wieviel Offenheit war da? Konnten Sie tun, sagen, sich wünschen, was Sie wollten? Konnten Sie auch mal Nein sagen, wenn Sie etwas nicht wollten? Was war ganz konkret der Anlaß im Alltag, wenn diese Verbindung in Kraft trat? Wer nahm sie auf? Welche Personen waren von außen als Nicht-Familienmitglieder wichtig? Gab es viele Außenkontakte?
* Nachdem Sie diese Vergangenheitsforschung betrieben haben, möchten wir Sie bitten, das Beziehungsnetz Ihrer eigenen Familie zu entwerfen. Das ist sehr viel schwerer, als die Beurteilung einer Familie mit dem Abstand von Jahren. Doch versuchen Sie, sich jede Querverbindung ganz plastisch vor Augen zu führen. Zu wem zieht es Sie hin, wenn Sie Probleme haben? Zu wem zieht es Ihre Tochter, Ihren Sohn hin? Reden Sie über Probleme? In welcher der aufgeführten Familienverbindungen? Machen Sie bzw. Ihr Partner/Ihre Partnerin auch mal etwas allein mit einem Kind? Welchen Einfluß haben Kontakte nach »außen«, zu Freunden, Kollegen?
* Gab es in Ihrer Herkunftsfamilie Probleme, über die nie gesprochen wurde? Hatten Sie das Gefühl, bestimmte Dinge nicht berühren zu dürfen?
* Gibt es solche Themen vielleicht auch in Ihrer eigenen Familie? Reden Sie manchmal mit Ihrem Partner etwas über ein Kind, von dem das nichts weiß? Oder umgekehrt – mit einem Kind über Ihren Partner? Oder über den kleinen Bruder, die große Schwester? Denken Sie bitte einen Moment darüber nach – es ist oft nur eine lässige, leicht abwertende Bemerkung, die typische Strukturen der Beziehungslage in einer Familie verdeutlicht.

Eine Rolle fürs Leben? Die Kraft und die Macht von Familienbotschaften

Jeder von uns ist in seiner Familie in einem ganz bestimmten Beziehungsnetzwerk aufgewachsen. Jeder von uns hat darin eine ganz bestimmte Position gehabt, in der er unter Umständen ganz bestimmte Aufgaben für die anderen übernommen hat. Und doch hat keiner von uns etwas von diesem, für sein Leben doch so nachhaltig bestimmenden »Rollenspiel« mitbekommen. Um es noch einmal ganz klar zu sagen: Die Rollen, von denen wir hier reden, spielen wir nicht bewußt. Wir haben sie uns auch nicht bewußt ausgesucht. Eine Familie ist wie eine Schauspieltruppe. Jedes Kind hat das natürliche Bestreben, auch mitspielen zu dürfen. Es will Aufmerksamkeit auf sich ziehen, es will Applaus, es will geliebt und bewundert werden. Denn wenn ein Kind von allen übersehen wird, immer achtlos in irgendeine Ecke gedrückt wird, ins Spiel nicht einbezogen wird, dann stirbt seine Seele.

Wir haben schon mehrfach in diesem Buch von der »Überlebensstrategie« gesprochen, die jeder in seiner Familie entwickelt. Genau das ist die Rolle, die Menschen in ihren Familien annehmen: ihre individuelle Strategie, seelisch zu überleben. Es ist eine individuelle »Methode«, Aufmerksamkeit auf sich zu ziehen, auf der Familienbühne wichtig zu sein, Liebe und Anerkennung zu bekommen. Es ist eine individuelle Methode, die anderen dazu zu bringen, daß sie einen in ihrem Stück »mitspielen« lassen. Man könnte also auch sagen: Die Rolle, die man auf der Familienbühne lernt, ist das Grundmuster dafür, wie man vorgeht, um zu anderen Menschen Beziehungen herzustellen. Wie man Kontakt aufnimmt; wie man kommuniziert; wie direkt oder auf welchen Umwegen man etwas bei anderen erreicht; wie man mit Problemen umgeht; wie und ob man sich durchsetzt.

Wer als Schauspieler auf der Familienbühne steht, der lebt in seiner Rolle. Oder anders ausgedrückt: Diese Rolle erscheint nicht als Rolle; sie ist das Leben, das man in und mit dieser Familie lebt. Und mit diesem Leben in eben dieser »Rolle« sind tiefe Gefühle verbunden. Im Idealfall einer Familie mit einem förderlichen, gesunden Beziehungsnetzwerk wachsen Kinder in ihre Rolle hinein mit einer Art natürlichem »Spieltrieb«. Was heißt: sie entwickeln ein entspanntes Verhältnis zu ihrem Part; sie können auch mal improvisieren, können drüber lachen, wenn sie patzen. Und sie können sich locker und entspannt auf die anderen Mitspieler einlassen. Wenn da zum Beispiel mal einer einen schlechten Tag hat, dann können sie ihn unterstützen, ihm Stichworte geben, seine Pannen ausbessern. Wenn er wochenlang nur patzt, können sie ihm aber auch sagen: »Hör mal zu, ich habe keine Lust, immer für dich die Feuerwehr zu spielen, da komm' ich ja gar nicht mehr zu meinen Sachen, also laß dir irgendetwas einfallen.«

Durch dieses Zusammenspiel wächst die Bandbreite der Kinderrolle; sie wird erweitert um ein umfangreiches Problemlösungsrepertoire; sie erlaubt, so flexibel zu reagieren, daß man in jeder Situation eine angemessene Lösung finden kann, die einem selbst und den Mitspielern weiterhilft, und das Stück, das man da zusammen spielt, immer wieder um neue Akzente bereichert. Wenn man so weit ist, dann hat man seine Kinderrolle hinter sich gelassen und ist in der Lage, als erwachsener Akteur eine eigene Beziehungs- und Familienbühne zum erfolgreichen Unternehmen zu führen.

Nun ist das Beziehungsnetzwerk vieler Familien nicht unbedingt in idealer Weise flexibel und förderlich ausgerichet. Was heißt: Nicht jeder hat die Chance, als Kind entspannt und freudvoll zu seiner individuellen Rolle zu finden. Wer als Koalitionspartner Lückenfüller im Spiel der Eltern werden muß, der spielt von Anfang an mit dem Gefühl, unter großem Druck zu stehen. Denn der hat von Anfang an die Auflage »Du mußt in dieser Rolle perfekt funktionieren, du mußt gut sein. Denn sonst hast du auf dieser Bühne keine Daseinsberechtigung.« Mit einer solchen Auflage muß man pausenlos Höchstleistungen bringen, und tut es mit dem Gefühl im Hintergrund: Okay, ich spiele für euch – aber ich kann es eigentlich kaum ertragen. Eine solche Rolle schnürt immer enger ein. Auch wenn das unter Umständen ein Part ist, zu dem Außenstehende vielleicht sagen »Na, das Kind hat es ja gut!« Von den Eltern in Amt und Würden gehobene kleine Prinzen und Prinzessinen müssen sich genauso verzweifelt anstrengen ihre Rolle auszufüllen und »bewundernswert« zu sein, wie ein Kind, das in die Rolle des Miterziehers für andere Geschwister gedrängt wird und »erwachsen« sein muß, oder wie ein Kind, das Mutter oder Vater den Sonnenschein ins Leben zurückbringen und darum immer »eine Freude« sein muß.

Bei einer Rolle, die mit der unterschwelligen Botschaft verbunden ist »Du mußt in dieser Funktion perfekt sein, sonst fliegst du von der Besetzungsliste… «, steht auf Patzer die emotionale Höchststrafe Liebesentzug. Man muß sich an seine Stichworte halten, kann nicht experimentieren, kann auch nicht im wahrsten Sinne des Wortes mal spielerisch ausprobieren, wie es ist, sich den Mitspielern gegenüber von einer anderen Seite zu zeigen. Man muß ja in jeder Situation so reagieren, wie es dem Rollenskript entspricht. Und man erhält auf dieser Familienbühne auch keine Gelegenheit, das Rollenskript durch neue Erfahrungen zu ergänzen und die Rolle weiterzuentwickeln.

Was ganz praktisch heißt: Ein Mensch wächst nach Lebensjahren zum Erwachsenen heran; doch er steckt nach wie vor in einer Kinderrolle, die ihm kaum Möglichkeiten bietet, auf unvorhergesehene Situationen zu reagieren; die ihm auch keine große Bandbreite an Möglichkeiten bietet, Probleme zu lösen; und die ihm vor allen Dingen nie Gelegenheit geboten hat, zu entdecken, daß die anderen sich nicht abwenden, wenn er anders reagiert, als es im vertrauten Textbuch steht. Wir haben vorhin gesagt, man lebt seine Rolle. Die Einschränkungen, die die Rolle mit sich bringt, werden darum unterschwellig als einschränkender Bestandteil des Lebens empfunden. Je länger jemand nicht wegkommt von seiner Rolle, desto deutlicher macht sich das Unbehagen darüber bemerkbar, daß das Leben immer wieder in die gleichen »einschränkenden« Situationen führt. Desto größer wird der Streß, durchhalten zu müssen. Desto größer wird die Angst davor, irgendwann an einen Punkt zu kommen, wo gar nichts mehr aus der Einschränkung herausführt. Und: desto komplizierter und vertrackter werden die »Konstruktionen«, mit denen Menschen versuchen, den gelernten Part weiterspielen zu können – denn die Kinderbotschaft »Du mußt diese Rolle spielen, sonst darfst du gar nicht hier sein« wirkt auch bei einem »erwachsenen« Kind weiter.

Das wichtigste Bauelement solcher Konstruktionen sind – die Spielpartner, die man sich sucht, nachdem man die Familienbühne, zumindest räumlich, verlassen hat. Man sucht nämlich ganz automatisch und immer wieder Menschen, bei denen die vertraute Rolle funktioniert: Mitspieler, die die richtigen Stichworte liefern, aufgrund derer man sein Repertoire ablaufen lassen kann. Man bringt dabei, ohne es zu begreifen, und ohne es zu wollen, den Durchhaltestreß und die Angst vorm Abweichen vom vertrauten Muster mit auf die neue Bühne. Und man bringt noch etwas mit, was langsam, aber unaufhaltsam wächst: eine verzweifelte Wut auf jeden, der einem diese Rolle »abverlangt«, in der man so hilfos strampelt.

Mollis viel zu frühes Ende

3.2.2.: Überblick über weitere Konzepte der Stadtbegrünung unter besonderer Berücksich … »Papa!« … tigung der ökonomischen … »Papa, guck mal!!« … Realisierbar … »Ach, Sch …!« Theo stöhnte. »Guck doch mal, Papa!!!« Anna zupfte ihn am Ärmel. »Papa arbeitet, mein Mäuschen«, sagte Theo, ohne seine Tochter anzusehen. … Realisierbarkeit im kommunalen … »Papa, guck doch, was mit Molli passiert ist«, beharrte Anna. Theos Augen hingen am Computerbildschirm. »Warum schaust du nicht mal wieder das Dschungelbuch-Video an, hmmmh«, schlug er abwesend vor. … Realisierbarkeit im kommunalen Investitionsvolu … »Molli ist tot!« verkündete Anna und hielt ihrem Vater den grünen Dinosaurier direkt vor die Nase. Aus dem Bauch des Plüschtieres ragte der Griff des Kartoffelschälmessers. »Was zum Teufel...« Theo starrte die Siebenjährige an. »Pssst, das waren Piraten!« flüsterte sie geheimnisvoll.

Ein paar Sekunden lang war Theo wie erstarrt. Dann sah er, wie sich die Lippen des Mädchens im unterdrückten Grinsen kräuselten. »He, du kleine Piratenbraut«, sagte er, nahm ihr den Stoffdino ab und kniff sie in die Nase, »hast es mal wieder geschafft, mich vom Computer wegzukriegen, ja? Deine Mutter will, daß du deine Schularbeiten machst.« Anna legte den Kopf schief und strahlte ihn an. »Aber Mutti ist doch noch gar nicht da«, meinte sie. »Und mir ist so langweilig. Spiel was mit mir, Papa..."

Als Birgit eine Stunde später den Schlüssel in die Haustür steckte, hörte sie Anna kreischen. Sie verdrehte die Augen und schloß auf. Sofort stürzte sich ihre Tochter auf sie. »Du bist meine Gefangene«, schrie sie und zerrte Birgit hinter sich her, »ins Verlies mit dir!« Ihre Mutter wehrte ab: »Nun laß mich erstmal die Jacke aus ...« Und hielt dann mitten im Satz die Luft an.

Im Wohnzimmer lagen verstreut Bücher, Vasen, Kerzenständer, Klamotten, Plüschtiere, Spielzeug, die mitgebrachten Steine aus dem Urlaub, der halbe Inhalt von Birgits Kosmetikregal, Kochtöpfe, Besteck ... Mitten in dem Chaos hockte Theo im Schneidersitz und blätterte in einem Comicheft. Er sah Birgit mit dem hilflosen Lächeln an, das sie nur zu gut an ihm kannte. »Wir haben Piratenhöhle gespielt«, sagte er entschuldigend. Seine Frau lehnte sich gegen die Wand. »Na, toll«, meinte sie nur. Und zu Anna: »Ich habe dir doch gesagt, daß Theo arbeiten muß.« Das Mädchen senkte den Kopf. Birgit seufzte. »Es sind doch nur zwei Tage, dann ist im Kinderhort der Scharlachalarm vorbei, und sie machen wieder auf.« Sie legte ihrer Tochter den Finger unters Kinn; sie wollte, daß sie sie ansah. »Anna, warum tust du nie das, um was ich dich bitte?« Sie fühlte sich plötzlich sehr müde.

»Ich räum' das hier schon wieder auf, raste mal nicht gleich aus«, warf Theo schnell ein. »Ich bin sowieso nicht weitergekommen.« Birgit schloß die Augen. Ihr Magen krampfte sich zusammen. »Warum solltest du auch weiterkommen mit deiner Diplomarbeit. Schreibst ja erst seit zwei Jahren daran«, hörte sie ihre Stimme und wünschte in der gleichen Sekunde, sie hätte sich die Zunge abgebissen. Sie sah

Theos Gesicht, und er tat ihr so leid, daß es schmerzte. »Entschuldige«, sagte sie leise. Sie steckte die Hand in die Jackentasche und fühlte den Umschlag. »Du hast heute wohl nicht in den Briefkasten gesehen? Die Bank hat uns geschrieben. Die wollen wissen, wann wir das Konto ausgleichen...«

In der nächtlichen Stille hallte das Pendel der Wanduhr, die Birgit von ihrer Oma geerbt hatte, mit einer gewissen Unerbittlichkeit durch die Wohnung. »Mach dir keine Sorgen«, sagte Theo und unterbrach damit das Schweigen. »Ich werde wieder Taxi fahren!« Seine Frau sah ihn lange an. Theo hatte immer noch diese Locke, die ihm ins Gesicht fiel und die er jedesmal mit einer automatischen Handbewegung zurückstrich. Er sah immer noch aus wie ein großer Junge. Kaum zu glauben, daß er sechsunddreißig wird, dachte sie.

Es war halb vier morgens. Sie hatten stundenlang geredet; wie schon so oft. Und sie landeten immer wieder am gleichen Punkt. Theo versprach, daß alles anders werden würde. Und Birgit hatte das Bedürfnis, ihn in den Arm zu nehmen und ihm zu sagen, daß sie bei ihm bleibe, egal, was passiert. Theo war immer so verzweifelt hilflos. Und wenn sie in seinen Augen sah, wie unglücklich er darüber war, wünschte sie sich, mehr für ihn tun zu können.

Als sie sich vor acht Jahren kennenlernten war Birgit mit ihrem Soziologiestudium fast durch; Theo studierte Psychologie. Er wolle verstehen, warum Menschen so sind, wie sie sind, sagte er. Birgit spürte, daß Theo versuchte, sich selbst zu verstehen. Es gab Tage, da war er mitreißend, stürzte sich kopfüber in eine neue Idee. Doch dann kamen wieder Tage, da schaffte er es nicht einmal, morgens aufzustehen. Da war ihm alles egal. Diese Tage machten ihm Angst, erzählte er Birgit. »Aber ich pack' das«, wiederholte er immer wieder, als wollte er sich selbst beschwören. »Ich muß mich nur zusammenreißen, ich kriege das hin.«

Als Birgit erfuhr, daß sie schwanger war, ging sie erst einmal zwei Stunden spazieren. Sie war sich nicht sicher, wie Theo reagieren würde. Doch dann lagen sie sich beide vor Freude heulend in den Armen. Sie nannten das Mädchen Anna. Das klinge nach einer schönen, starken Frau, meinte Theo. »So stark wie du«, sagte er, und strich

Birgit durchs Haar. »Wenn ich dich anschaue, glaube ich, daß ich alles kann.«

Birgit hatte inzwischen eine Stelle in einem wissenschaftlichen Forschungsinstitut gefunden. Nach sechs Wochen Mutterschutz arbeitete sie weiter; die Familie brauchte eine finanzielle Basis. Theo sagte, er könne sich um das Kind kümmern und nebenbei das Studium zu Ende bringen. Schließlich gäbe es ja auch genug Frauen, die ihre Babys mit in die Uni nehmen.

Anna war anderthalb Jahre alt, als Birgit eines Nachmittags nach Hause kam, und das Kind mit Theos Ölfarbkasten in der Küche fand; es hatte alle Tuben aufgedreht und sich und jede erreichbare Fläche mit der Farbpaste eingeschmiert. Theo lag auf dem Sofa, die Musik in den Kopfhörern voll aufgedreht. Birgit stellte den Plattenspieler ab. »Warum hast du Anna die Farben gegeben«, fragte sie und versuchte, ruhig zu klingen. »Ich kann so nicht mehr weitermachen«, sagte Theo statt einer Antwort. »Ich kann einfach nicht mehr.« Seine Stimme zitterte.

Sie redeten die ganze Nacht. Am nächsten Abend hatte Theo es irgendwie geschafft, die Küche wieder sauber zu kriegen. Und er hatte groß gekocht. »Ich weiß jetzt, was los ist mit mir«, verkündete er und entkorkte die Sektflasche. »Ich muß etwas Sinnvolles machen, etwas, das Dinge konkret verändern kann.« Er schenkte ein. »Psychologie dreht sich immer um sich selbst. Ich fange nächstes Semester mit Landschaftsplanung an.« Birgit schluckte. Theo sah sie mit leuchtenden Augen an. »Du mußt jetzt nichts sagen. Du wirst sehen, ich kann mich ändern«, sagte er. Sie wußte nicht, was sie antworten sollte.

Inzwischen waren sechs Jahre vergangen. Sechs Jahre sind eine lange Zeit. Theo strengte sich in dem neuen Studium an. Sie wußte ja, wie hart er mit sich kämpfte. Doch er schrieb eben immer noch an seiner Diplomarbeit. Und auf dem Tisch lag der Brief von der Bank. Anna ging zur Schule. Anna brauchte dieses und jenes. So konnte es doch nicht ewig weitergehen. Sie hatten vier Jahre keinen Urlaub mehr gemacht. Birgits Assistentengehalt vom Institut reichte einfach nicht.

Sie atmete tief durch. »Und was, wenn wir deine Mutter um Hilfe bitten?« Theos Blick war wie eine offene Wunde. »Meine Mutter«, wiederholte er, als könne er es nicht glauben. Birgit seufzte. »Ja, deine Mutter. Christina hat uns doch angeboten zu helfen, wenn es mal eng wird.« Mutti hat dir doch früher auch immer wieder was zugesteckt, hat ja schließlich genug Kohle gekriegt nach der Scheidung von deinem Vater, fügte sie in Gedanken hinzu. Und im gleichen Moment erschrak sie darüber, daß sich diese bösen Worte in ihr Bewußtsein schieben konnten. Von Birgits Familie war keine Unterstützung zu erwarten. Sie dachte daran, daß ihr Bruder ihr noch Geld schuldete. Nein, das konnte sie jetzt nicht zurückfordern. Er hatte gerade einen Entzug hinter sich, war endlich wieder trocken. Für den gab es so schon genug Probleme...

Theo atmete tief. Er nickte. »Okay«, sagte er leise, »okay, okay, du hast ja recht. Ich rufe sie morgen an.« Birgit unterdrückte den brennenden Wunsch, ihn zu berühren. Sie wußte, was der Anruf für ihn bedeutet. Der geschlagene Sohn kehrt heim auf seinem Schild. Sie verstand seinen Schmerz. Sie kannte Christina. Sie kannte ihre kleinen, wohlmeinenden Bemerkungen – »mach dir keine Sorgen, beim Abi hattest du doch auch diese schreckliche Krise, du brauchst eben manchmal mehr Zeit als andere...«

Birgit spürte, daß ihre Augen feucht wurden. Sie beugte sich vor. »Theo, mir ist doch nur wichtig, daß du deine Diplomarbeit in Ruhe auf die Reihe kriegst. Du hast soviel Energie reingesteckt...« Er nahm ihre Hand. »Nein, nein, du hast recht, es kann so nicht weitergehen.« Seine Fingerspitzen folgten ihren Handlinien. »Du mußt mir glauben, daß ich alles tue was ich kann.« Er schüttelte müde den Kopf. »Aber manchmal denke ich, das reicht nicht so ganz...« Birgit zuckte zusammen. »Ich weiß nicht, ob unsere Ehe weitergehen kann; ich bin für dich nur eine Enttäuschung«, sagte Theo, und es klang so traurig, daß ihr ganz kalt wurde.

Sie streckte die Hand aus und strich ihm die Haare zurück, sagte: »Ich will nicht, daß du so einen Mist redest. Es ist bisher doch immer weitergegangen.« Mit dieser Bewegung stieß sie Molli vom Tisch. Der Dinosaurier landete mit metallenem »Kling« auf dem Boden. Er lag auf dem Rücken, das Messer daneben. Durch das Loch in Mollis Bauch krümelte Holzwolle auf den Teppich.

In jeder Partnerschaft kommen mit zwei Menschen zwei Rollen zusammen, die auf zwei verschiedenen Familienbühnen gelernt worden sind. Wenn bei diesen Rollen nicht wenigstens ab und zu mal ein Stichwort zum Text des anderen paßt, entsteht keine »magische« Beziehung – das ist nur allzu verständlich. Zwei Rollen aus völlig verschiedenen Stücken fügen sich niemals zu einem gemeinsamen Schauspiel zusammen, das auf Dauer für beide spielbar ist. Wenn also eine Partnerschaft zwischen zweien, die so gar nichts gemeinsam haben und bei denen sich so gar nichts gegenseitig ergänzt, nicht funktioniert, dann ist das in der Regel sehr schnell klar. Und dann gehen die beiden wieder auseinander, ohne sich das Herz mit dem Grübeln über das Warum zu zerreissen. Sie wissen ja schon, warum.

Birgit und Theo sind ein Paar, dessen Rollenkonstruktionen sich in geradezu idealer Weise zu ergänzen scheinen. Sie ist stark und aktiv, hat den Job gefunden, mit dem sie die Familie ernähren kann; sie ist aber auch sanft, verständnisvoll und kraftspendend, hat die einfühlsame, fast könnte man sagen therapeutische Gabe, anderen bei der Lösung ihrer Probleme zu helfen. Und Probleme hat Theo nun wirklich genug, mit sich und der Welt; doch er ist tapfer bemüht, alles zu ändern, und besitzt ja durchaus die Kraft, mitreißend zu sein; er liebt Birgit als die Frau, die ihm immer wieder den Weg zu dieser Kraft zeigen kann.

Was Birgit in der Szene, die wir miterlebt haben, frösteln läßt, ist die Tatsache, daß ihre Gedanken über ihn so böse geworden sind. Was Theo mehr noch niederzieht als seine verzweifelt angestrengten Versuche, die Diplomarbeit zu Ende zu schreiben, ist die Vorstellung, sie würde ihn vielleicht nur als Belastung empfinden. Und was sich beide über kurz oder lang fragen werden ist: Warum? Warum nur kann eine Liebe, die so vielversprechend und wunderschön begann, in eine für beide quälende Situation geraten, in der es gar nicht mehr weiterzugehen scheint?

Es kommt nicht gerade selten vor, daß Partnerschaften, bei denen am Anfang die überirdisch große Liebe steht, zwei Menschen zusammenführen, die endlich einen Partner für ihre jeweiligen Kinderrollen gefunden haben. Was nicht heißt, daß diese Menschen nicht trotzdem zusammen eine großartige Beziehung aufbauen könnten, denn sie haben beide etwas, das der andere braucht. Um sich das geben zu können, müssen sie es schaffen, sich gegenseitig beim Erwachsenwerden zu helfen. Sprich: zu erkennen, daß es nicht »das Leben« oder ein unerbittliches Schicksal ist, was ihre Liebe unter ihren Augen langsam dahinschrumpfen läßt, sondern daß sie beide sich mit dem eingeschränkten Problemlösungs-Repertoire ihrer Kinderrollen im Kreis drehen. Seine Rolle kann man auch als »Erwachsener« noch nachwachsen lassen; wenn man einmal vom vertrauten Text abweicht, verändert sich die Konstruktion einer Beziehung, und es zeigen sich neue Handlungsmöglichkeiten. Bleibt ein Paar aber zu lange in der alten Rollenschlinge hängen, dann werden die Kindergefühle immer mächtiger. Und wenn ihre Partnerschaft inzwischen Nachwuchs hervorgebracht hat, dann ziehen die Eltern zwangsläufig auch den mit in diese hilflose, unterschwellig wuterfüllte Konstruktion des gemeinsamen Lebens hinein.

Birgit fühlt sich müde; sie hat acht Jahre lang versucht, Theo den Rücken zu stärken, ihm zu helfen; sie hat acht Jahre lang Verständnis gehabt und versteht seine Verzweiflung immer noch. Nur beginnt sie jetzt ihrerseits, an ihm zu verzweifeln. Theo hat acht Jahre lang versucht, sich wahnsinnig anzustrengen, um mit dem Studium weiterzukommen; hat die Zähne zusammengebissen, um seine Depressionen und Zweifel zu überwinden; doch das mutlose kleine »aber …«, das er bei seinen Versprechungen, alles würde anders, immer gespürt hat, ist inzwischen ziemlich groß geworden. »Aber ich kann wohl nicht genug, um deine Liebe zu verdienen«, bedeutet er Birgit. Und treibt ihr damit die Tränen in die Augen.

Birgit ist in ihrer Familie früh in ihre Rolle gedrängt worden: zu helfen, wenn jemand schwach ist und nicht mehr weiter weiß; aufzubauen, wenn jemand verzweifelt ist; verständnisvoll zu sein, wenn ihre Bemühungen nicht belohnt werden. Genauer gesagt, nicht »jemand«, sondern: ein angehendes männliches Wesen. Wir haben in der Szene gehört, daß sie einen Bruder mit

Alkoholproblemen hat. Er ist der ältere. Trotzdem wurde Birgit von ihrer Mutter von Anfang an als Verbündete in der Sorge um den Sohn eingesetzt. Ein kränkliches Kind, als er noch klein war. Allergien; Schulangst; eine nie genau diagnostizierbare Kreislaufschwäche. Ein Sorgenkind auch, als er größer wurde. Er schwänzte die Schule. Birgit, die zwei Klassen unter ihm war, hatte den Auftrag, immer darauf zu achten, ob er in den Pausen auf dem Schulhof auftauchte. Sie erinnert sich bis heute an das müde Gesicht ihrer Mutter, wenn sie ihr wieder mal berichten mußte, daß sie ihn nicht entdecken konnte. Birgit fühlte sich dann entsetzlich schuldig und überlegte sich hinterher fieberhaft irgendwelche Pläne, wie sie ihren Bruder dazu bringen könnte, vernünftig zu werden.

Theo ist der jüngste von drei Brüdern. Die beiden älteren waren der Schrecken der Nachbarschaft, der Schrecken aller Lehrer und als Rabauken wie aus dem Bilderbuch tägliches Thema ihrer Eltern. Theo kriegte manchmal mit, wenn die Eltern sich wieder mal darüber stritten, woher die Jungs das bloß haben. Theo war ein stilles Kind. Er war nicht besonders gut in der Schule. Er kam völlig verzweifelt nach Hause, wenn er eine Fünf in irgendeiner Arbeit geschrieben hatte. Seine Mutter nahm ihn in den Arm und sagte: »Das schaffst du schon; du mußt dich nur ein bißchen anstrengen.« Und Theo sagte: »Ja, das verspreche ich dir.« Und dabei suchte er in ihrem Gesicht nach dem vertrauten Lächeln, nach einem Anzeichen dafür, daß sie ihm glaubte.

Wer in seiner Kinderrolle hängt, beobachtet seinen »Spielpartner« immer mit alarmierter Aufmerksamkeit auf der Suche nach dem richtigen Stichwort, das zum Einsatz ruft. Das ist so durchdringend, daß dieser Rollenblick sogar den ganz konkreten Blickwinkel beeinflußt, unter dem ein Mensch sein Gegenüber wahrnimmt. Birgit hat gelernt zu gucken, was Leute machen; ob sie da sind, ob sie arbeiten, ob sie vernünftig sind, ob es ihnen gut geht. Und ihr Einsatz kommt, wenn sie dabei feststellt, daß es jemandem nicht gut geht, daß er nicht arbeiten kann, daß er ganz und gar nicht vernünftig ist, sondern durchdreht. Was ihr die Rolle dann abverlangt: für diesen Menschen irgendein Hilfsprogramm zu entwerfen. Theo hat gelernt, in der Beobachtung von Leuten einen Hinweis darauf zu finden, ob die ihm glauben, ob die meinen, es gehe ihm gut, oder ob die am Ende an ihm zweifeln. Wenn er Zweifel zu entdecken glaubt, dann kommt sein Rolleneinsatz: sich noch mehr und noch verzweifelter anzustrengen, damit er beim Gegenüber wieder Zufriedenheit spürt.

Es steckt eine große Heilkraft in der Fähigkeit, als derzeit Stärkerer dem derzeit Schwächeren in einer Partnerschaft zu helfen, ihm oder ihr Kraft zu geben, einen Ausweg aus Problemen zu zeigen – genauso wie es vorher geschlagene Wunden heilt, wenn sich der eine für den anderen bis an den Rand der Verausgabung anstrengt, um ein wichtiges Ziel zu erreichen. Was eine Partnerschaft (und damit eine Familie) in die Sackgasse führt, ist: Wenn beide immer und in jeder Situation nur diese eine Verhaltensmöglichkeit im Repertoire haben. Und wenn beide immer und in jeder Situation nur mit diesem einen, wie magisch gebannten Blickwinkel wahrnehmen können, was da gerade vor sich geht.

Wenn eine Rolle zu lange ausschließlich nach dem gleichen Handlungsmuster gelebt werden kann, dann machen sich die Bedürfnisse, die damit nicht abgedeckt werden, irgendwann gnadenlos bemerkbar. Wer immer nur anderen helfen kann, hat irgendwann das Gefühl, selbst dabei auf der Strecke zu bleiben. Er wird ausgesaugt, es bleibt nicht viel an Kraft übrig. Und: Für die Müdigkeit, die darauf folgt, macht er unterschwellig denjenigen verantwortlich, der ihm all das abverlangt – den Partner, für den er (oder sie!) doch alles getan hat.

Wer immer nur versuchen kann, die Ansprüche zu erfüllen, die, wie er glaubt, die anderen an ihn stellen, hat irgendwann das Gefühl, restlos überfordert zu sein. Er fühlt sich immer stärker unter Druck gesetzt – was ihn immer stärker lähmt. Und: Für die Verzweiflung, die darauf folgt, macht er denjenigen verantwortlich, für den er sich schlichtweg zerreißt – den Partner, der ihm all diese Anstrengungen abverlangt.

Birgit und Theo sind noch nicht an dem Punkt angelangt, an dem all die über Jahre aufgebauten Frustgefühle in wilder Zerstörungswut explodieren. Doch sie sind an einem Punkt, an dem beide spüren, daß es so nicht weitergeht. Beziehungen, die in eine solche Sackgasse geraten, kann man vergleichen mit dem Verhältnis von zwei Bergsteigern, die auf dem Weg zum Gipfel ins Straucheln geraten. Der eine rutscht über die Klippe – der andere hält ihn. Bewegen können sich beide keinen Zentimeter weiter. Doch trennen können sie sich in dieser Situation auch nicht.

Wer bei unserem Bergsteigerpaar »hält«, ist offenkundig: Birgit muß dem über die Klippe gerutschten Theo Halt geben. Sie *muß* sich so verhalten. Es gibt in Beziehungen, und es gibt in Familien keine Rolle, die mehr verdeckte Macht ausübt als die Rolle des oder der großen Leidenden. Theo hat gelernt, seine Umgebung über seine Leidensrolle zu kontrollieren. Mehr noch: Da er ja ein tapferer Leidender ist, der sich wahnsinnig anstrengt, sich sein Leiden nicht anmerken zu lassen, löst ein einziger Blick in seine traurigen Augen bei jedem Menschen, der ihn liebt, auf der Stelle massive Schuldgefühle aus – und über diese Schuldgefühle hat Theo sein bisheriges Leben lang seine Umgebung für sich eingespannt. Unbewußt eingespannt, denn er hat es nicht gezielt so angelegt. Es ist seine ganz spezielle Überlebenskonstruktion, die ihm nur scheinbare Vorteile bringt. Denn immerhin hat sie ihn in die nicht gerade beglückende Situation gebracht, mit 36 noch nichts auf die Reihe gebracht zu haben, für das er selbst verantwortlich zeichnet.

Theo hat die Verantwortung für sein Leben immer an andere abgegeben. Genauer gesagt: an die Frauen, die ihm nahestehen. Noch genauer gesagt: an Frauen, die ihrerseits für ihre emotionale Daseinsberechtigung immer noch die Kinderrolle brauchen, die Verantwortung für andere übernehmen zu müssen. Seine Mutter war eine solche »Helferin«. Auch Birgit hat eine Helferrolle. Sie trägt in Theos Konstruktion (»Ich tu ja, was ich kann, aber ich bin für dich doch nur eine Belastung ...«) jetzt auch noch die Verantwortung dafür, daß die Beziehung nicht mehr so ist wie am Anfang. Und auf eine vertrackte Weise hat Theo schon wieder ein weibliches Wesen, seine siebenjährige Tochter nämlich, als »Helferlein« eingespannt. Im Beziehungsgeflecht seiner kleinen Familie hat Anna von ihm die Aufgabe bekommen, ihn von der Arbeit abzulenken. Wie soll er denn studieren, wenn er ein Baby versorgen muß? Wie soll er denn seine Diplomarbeit schreiben, wenn Anna Dinosaurier mit dem Küchenmesser meuchelt?

Was sich in dieser Familie entwickelt hat, ist also eine heimliche Koalition zwischen Vater und Tochter, in der das Mädchen den Auftrag hat, es dem Vater, der es schwer hat mit sich und der Welt, noch etwas schwerer zu machen. Während Birgit mit ihren unermüdlichen Versuchen, für Theo eine Atmosphäre zu schaffen, in der er Kraft zum Arbeiten findet, als Störenfried draußen steht. Wir haben in den letzten Kapiteln darauf hingewiesen, daß Eltern, die ihre Probleme untereinander nicht lösen können, als »Wüstenführer« keine optimalen Entwicklungsvoraussetzungen für ihr Kind schaffen. Anna erlebt keine klaren Grenzen. Von ihrem Vater bekommt sie die unterschwellige Botschaft »Es ist völlig in Ordnung, wenn du mich störst«, von ihrer Mutter kommt »Du mußt mir dabei helfen, deinem armen Vater zu helfen.« Beide drücken ihr somit einen verantwortungsvollen Job auf, statt sie mit der Botschaft »Wir haben im Moment ein paar Probleme, aber das hat nichts mit dir zu tun« zu schützen.

Anna reagiert, wie ein Kind auf soviel ungewollt zuerteilte Verantwortung reagieren muß: Sie versucht, ihre Eltern dazu zu bringen, ihr Grenzen zu setzen, und damit wieder die Führung durch die Wüste zu übernehmen – indem sie auffällig stört. Ihre Rolle auf dieser Familienbühne könnte sich zu einer großen Belastung für ihre zukünftigen Beziehungskonstruktionen auswachsen, wenn sich das Stück der Eltern nicht ändert. Das »Spiel« mit dem Messer gehört zu der seelischen Überlebensstrategie, die das Kind zu entwickeln beginnt. Eine aggressive Strategie, die in die Richtung geht: Man muß die anderen mit allen Mitteln manipulieren.

Wir haben bei der Geschichte von Birgit und Theo auf den letzten Seiten das gleiche gemacht wie bei allen Familien-Geschichten, die wir in diesem Buch erzählt haben: Wir haben die Situation sozusagen mit ein paar Schritten Abstand beschrieben. Aus diesem Abstand ist es möglich, die Grundmuster des Beziehungsnetzwerkes zu erkennen. Und es ist möglich zu erkennen, wo etwas verändert werden kann, damit eine festgefahrene Situation wieder in Bewegung kommt. Aus der Innenansicht einer Familie ist das sehr viel schwieriger. Von »innen« sind Netzwerk und Rollen, die die einzelnen Mitglieder darin spielen, unsichtbar. Von innen erscheinen darum Probleme oft als schicksalshaft und unendlich verwickelt, obwohl sie gar nicht so unentrinnbar verwickelt sind.

Birgit und Theo erscheint ihre Lage als ziemlich verwickelt und als fast quälerisch festgefahren. Birgit fühlt sich müde; aber sie fühlt sich nicht deshalb müde, weil sie merkt, daß sie immer und immer wieder in ihre Helferrolle fällt, und darum nichts für sich aus der Beziehung herausbekommt – denn wenn sie das wüßte, dann würde diese Konstruktion nicht mehr funktionieren. Theo fühlt sich verzweifelt; aber er fühlt sich nicht deshalb verzweifelt, weil er merkt, daß er immerzu anderen die Verantwortung für die Beendigung seiner Leiden aufdrückt – denn wenn er das merken würde, dann würde seine Überlebenskonstruktion ebenfalls nicht mehr funktionieren. Was Birgit und Theo bemerken, was sie immer müder und verzweifelter werden läßt und was ihre Tochter Anna immer stärker unter Druck setzt, ist – die Stimmung, die sie beide gemeinsam aufgebaut haben.

Theo leidet. Leiden erzeugt eine schwere, tragische Stimmung. Da Birgit mit ihrer Rollenkonstruktion immer nur Verständnis haben kann, auf seine Leiden mit einem Unterstützungsprogramm anspringt, schafft sie es nicht, dieser Schwere und Tragik einen positiven Gegenpart entgegenzusetzen. Darum hat sich in ihrer Beziehung, und damit in ihrer Familie, Theos »Das Leben ist unendlich schwer«-Stimmung durchgesetzt. Mal angenommen, Birgit würde es schaffen, sich aus ihren Rollenbanden zu befreien, und für sich neue Handlungsressourcen erschließen, sähe die Familienstimmung ganz anders aus. Das heißt ja nicht, daß es nie wieder nächtelange »Therapie«-Gespräche geben würde, wenn es Theo mal wieder ganz schlecht geht. Aber beim nächsten depressiven Anfall hätte Birgit dann zum Beispiel die Möglichkeit, ihm zu sagen »Paß mal auf, mein Lieber, wenn du an einem Sonntagmorgen stundenlang deinen Weltschmerz nehmen mußt, tu das. Ich habe heute dazu keinen Bock. Ich geh' mit Anna in den Zoo. Tschüß!« Und ein paar Tage später würde sie die Situation dann zum Beispiel dadurch auffangen, daß sie, wenn sie ihn beim Heimkommen mit Verzweiflungsblick am Computer findet, nicht fragt: »Oh Gott, was ist, hast du wieder eine Schreibblockade?«, sondern einfach sagt: »Erzähl mir bitte nicht auch noch, wie schlecht es dir heute geht. Mein Tag war nämlich ausreichend anstrengend ...«

Es bricht die durchdringende Macht des Leidens in einer Beziehung, wenn der andere nicht immer nur mitleiden kann, sondern schon mal mit seinem Leben weitermacht. Und es nimmt dem Leidenden zunehmend den »Spaß« an seiner Tragödienkonstruktion, wenn sie nicht mehr wie gehabt funktioniert – was nun wiederum die gesamte Familienstimmung leichter macht. Und mit einer entspannten Grundstimmung haben Menschen Zugriff auf eine breitere Palette von Handlungsmöglichkeiten. Bei Birgit, Theo und Anna würde das heißen: Es gucken nicht mehr alle weiblichen Wesen in dieser Familie mit gebanntem Blick auf ihn und darauf, wie es ihm geht. Selbst wenn es ihm wieder mal schlecht geht, könnten Birgit und das Kind damit leben, ohne sich automatisch für ihn abmühen zu müssen. Und es wird auch nicht jedes auftauchende Problem durch die Leidensschwere der Gesamtsituation gleich noch ein paar Grade problematischer. Ein mahnender Brief von der Bank ist mit Sicherheit in keiner Stimmung eine besonders angenehme Überraschung. Aber aus der Perspektive einer Grundstimmung, aus der eh alles ungeheuer schwer und tragisch erscheint, stellt die Aufforderung, das Konto auszugleichen, einen neuerlichen Schicksalsschlag dar – der die Schraube der Müdigkeit und Verzweiflung noch eine Umdrehung fester anzieht.

Wir haben in diesem Buch in jedem Kapitel versucht, die verschachtelten und vielschichtigen Knüpfmuster der »Bande« aufzudröseln, die alle Familienmitglieder miteinander verbinden. Wir haben die Grundbausteine des Zusammenlebens im »Familienhaus« kennengelernt. Und wir haben im zweiten Buchteil eine Entdeckungsreise in das Beziehungs- und Rollennetzwerk gemacht, das Leben in das so zusammengefügte Familiengebäude bringt. Jetzt sind wir am Ende unserer Reise angelangt. Und, etwas flapsig ausgedrückt, bei dem, was am Ende des unsichtbaren Ineinandergreifens des ganz speziellen Netzwerks jeder Familie herauskommt: eine ganz spezielle, individuell eingefärbte Familienstimmung. In dieser Stimmung mischen sich die Farben, die Botschaften, die zwei Menschen aus ihren Familien mitbringen. Kinder saugen »ihre« Familienstimmung als Nährlösung ein. Und ziehen daraus auch wieder Botschaften, die sie als Farbe mit in ihr Leben, und damit irgendwann einmal in ihre Beziehung und ihre Familie nehmen. Eine Familienstimmung setzt sich also unter Umständen über mehrere Generationen fort. Und das auch dann, um es an dieser Stelle ein letztes Mal zu sagen, wenn die Sprößlinge einer Familie mit allen ihren Kräften versuchen, in ihrem Leben und bei ihren Kindern alles ganz, ganz anders zu machen, als sie es bei ihren Eltern erlebt haben.

Man kann solche Farben und solche »Familienbotschaften« manchmal sogar in Wortbildern erkennen, die Eltern benutzt haben – und die ihre Kinder fest in ihrem eigenen Gedankengut verankert haben. Es gibt Familienstimmungen, die in hellen Farben leuchten, und vor allem stärkende Botschaften weitergeben. Wie zum Beispiel: »Wir finden dafür schon irgendeine Lösung«, oder: »Ab und zu muß der Mensch doch wohl mal seinen Spaß haben, oder?« Und es gibt Familienstimmungen, deren Farben eher düster sind und deren Botschaften nicht gerade aufbauen: »Wir haben nun mal einfach kein Glück.« »Bloß nicht zu früh freuen ...« Oder zum Beispiel: »Man kriegt im Leben nichts geschenkt, sondern muß sich dafür wahnsinnig anstrengen« – eine Botschaft, die unterschwellig in den Familien sowohl von Birgit als auch von Theo vorhanden war. Und die auch die siebenjährige Anna auf ihre Weise schon mitgekriegt hat.

Auf dem Weg in den Alltag von Familien haben wir das Märchen vom Prinzen und vom Zauberer kennengelernt. Und das Bild von dem »Bann«, der Kinder nicht erwachsen werden läßt, sondern sie dazu bringt, ihr Leben immer weiter unter dem Einfluß der Zaubersprüche ihrer Eltern zu leben. Familienstimmungen bewirken solche Bannzauber, und Familienbotschaften sind Zaubersprüche. Doch jede Botschaft, die Eltern an ihre Kinder weitergeben, bewußt oder unbewußt, hatte ursprünglich ihren positiven Sinn. Denn darin liegt alles, was sie in ihrem Leben zusammengetragen haben – und in dem Versuch, als Familie glücklich zu werden, geben konnten.

Wir möchten am Ende dieses Buches nicht den Eindruck erweckt haben, Familienbande seien nur ein Krampf, ein Chaos, ein »böser Zauber«. Familienbande sind einzigartig. Sie sind wie ein Fingerabdruck, den jeder mit in sein Leben nimmt. Über sie entwickeln wir unsere ureigene Identität, aus der unsere Kreativität, unsere Träume, unsere Hoffnungen wachsen, aber auch unsere Ängste, unsere Probleme, unsere unerfüllten Sehnsüchte. Was wir in diesem Buch als »Familienbotschaft« weitergeben möchten ist dieses: Es gibt keine Familienbande, die für immer belasten müssen. Man kann alles Einschränkende ändern, wenn man sich nur traut, von den gewohnten Sichtweisen und den gewohnten Rollenmustern abzuweichen. Wenn man es wagt, von der vertrauten Suche nach Schuldigen und den ach so vertrauten Schuldgefühlen abzurücken.

Jede Veränderung bei einem einzigen Familienmitglied verändert das ganze Netzwerk. Und jede Veränderung bringt eine neue Chance, die Werkzeuge des Magiers wiederzufinden, die Menschen helfen, nicht nur zu »überleben«, sondern gemeinsam immer stärker zu werden: sich mit denen, die man liebt, streiten zu können, mit ihnen lachen zu können und echte, aufbauende, tröstende Wärme geben und nehmen zu können.

Adressen

Und wenn man allein nicht weiter kommt?

* Systemische Paar- und/oder Familientherapie wird in der Regel von den Krankenkassen nicht bezahlt. Diese Richtung arbeitet allerdings mit einer geringen Zahl von Therapiestunden (zwischen 10 und 15, Stundensatz ca. 100 bis 150 DM), da der Schwerpunkt darauf liegt, daß Paare und Familien zwischen den Treffen mit dem Therapeuten ihre eigenen Lösungen und Erfahrungen ausprobieren. Die Kosten laufen also im Verhältnis zum Nutzen nicht ins Uferlose.
* Anschriften von Familientherapeuten in seiner Umgebung bekommt man: in Großstädten über die jeweilige Bezirksvertretung des »Berufsverbandes Deutscher Psychologen BdP« (ins Telefonbuch schauen). Man kann sich aber auch an die Hauptgeschäftsstelle wenden: Berufsverband Deutscher Psychologen; Heilsbachstr. 22; 53132 Bonn
* Eine Anlaufstelle (auch) in Not- und akuten Krisensituationen sind Familienberatungsstellen von Kommunen, Kirchen und gemeinnützigen Vereinigungen (im Telefonbuch vorne in den Gelben Seiten unter »Beratung«). Die arbeiten immer auch mit niedergelassenen Therapeuten zusammen und können Adressen vermitteln.
* In einigen größeren Städten (z. B. Hamburg, Munchen, Berlin) gibt es vom Kinderschutzbund ausgewiesene Beratungs- und Therapieeinrichtungen für Familien. Am besten die jeweilige Ortsniederlassung anrufen und fragen, ob und wo es eine solche Möglichkeit in der Nähe gibt.
* Adressen von Paar- und Familientherapeuten geben auch Ausbildungsinstitute und Fachverbände weiter, zum Beispiel:
– Norddeutsches Institut für Kurzzeittherapie, Außer der Schleifmühle 54, 28203 Bremen

– Dachverband für familientherapeutisches und systemisches Arbeiten. Anne Michelmann, Richard-Wagner-Str. 44, 53115 Bonn
– Deutsche Arbeitsgemeinschaft für Familientherapie (DAF), Friedrichstraße 28, 35392 Gießen

Buchtips

Salvador Minuchin, Michael Nichols: Familie. Die Kraft der positiven Bindung. Hilfe und Heilung durch Familientherapie. Kindler Verlag, München 1993

William F. Nerin: Versöhnung mit den Eltern. Frei werden für das eigene Leben. Kösel Verlag, München 1994

Horst R. Richter: Eltern, Kind und Neurose. Die Rolle des Kindes in der Familie. Rowohlt Taschenbuch Verlag, Reinbek b. Hamburg 1992

Paul Watzlawick, John H. Weakland, Richard Fisch: Lösungen. Zur Theorie und Praxis menschlichen Wandels. Verlag Hans Huber, Bern 1974

Register

F

G

H

I

K

L

M

N

O

P

Q

R

S

T

U

V

W

Z